François **Brunetta**
Louise **Lacasse**

Le quotidien

Formation de base en français

ÉTAPE 2

Dépôt légal

ISBN 2-7601-5726-1

Bibliothèque nationale du Québec, 2000
Bibliothèque nationale du Canada, 2000

IMPRIMÉ AU CANADA

Révision linguistique Carolle Dea
Illustrations Monique Chaussé, Mylène Gauthier

Nous reconnaissons l'aide financière du gouvernement du Canada par l'entremise du Programme
d'Aide au Développement de l'Industrie de l'Édition (PADIÉ) pour nos activités d'édition.

Canadä

Table des matières

Le Quotidien, c'est quoi?   /IV

Les stratégies de lecture   /V

Les stratégies d'écriture   /VI

Chapitre 1

La météo   /1

- Le projet   /2
- Le vocabulaire   /4
- Les activités   /3, 5-39
- Retour sur le projet   /40
- D'autres activités   /41

Chapitre 2

Le sport   /43

- Le projet   /44
- Le vocabulaire   /45
- Les activités   /46-74
- Projet: étape finale   /75
- D'autres activités   /76

Chapitre 3

La science   /77

- Le projet   /78
- Le vocabulaire   /79
- Les activités   /80-106
- D'autres activités   /107

Chapitre 4

La santé   /109

- Le projet   /111
- Le vocabulaire   /112
- Les activités   /110, 113-139
- D'autres activités   /140

Chapitre 5

Les arts et la culture   /141

- Le projet   /142
- Le vocabulaire   /143
- Les activités   /144-163
- Suite du projet   /164
- D'autres activités   /166

Chapitre 6

Le voyage   /167

- Le projet   /168
- Le vocabulaire   /170
- Les activités   /172-190
- D'autres activités   /191

La synthèse   /192

Un mot avant de commencer

Ce cahier est différent des autres cahiers.
Il exige de la réflexion et une
grande participation. Nous croyons que c'est ainsi que
l'on peut vraiment apprendre.

Prends le temps de bien réfléchir.
Prends le temps de faire les projets qui te sont proposés.

Lorsque tu auras terminé ce cahier, tu seras un bien meilleur
lecteur ou une bien meilleure lectrice. Aussi, tu seras plus
habile pour écrire de courts textes.

Tu dois te procurer un cahier d'écriture personnel qui
accompagnera ce cahier d'activités.

Maintenant, commençons!

Le Quotidien, c'est quoi?

Ton nouveau cahier de français s'appelle *Le Quotidien.*

Tu y trouveras les grands sujets qu'on peut lire dans un journal:
météo   sport   science   santé   arts et culture   voyage

Cela va demander de ta part une grande **participation**.
Dans chaque chapitre, tu auras à réaliser un **projet**.

Le but de ce cahier est d'améliorer tes compétences en lecture et en écriture.
Tu pourras développer différentes stratégies:

➤   des **stratégies de lecture**
➤   des **stratégies d'écriture**

Tu verras sous la forme d'activités les
notions grammaticales de ton
programme.

On te donnera des **suggestions d'activités**
pour compléter tes connaissances.

Les stratégies de LECTURE ————————

Pour être un bon lecteur ou une bonne lectrice, il faut se servir de moyens efficaces.

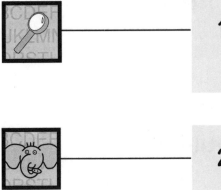

1- Chercher l'information: **Comment, où et rapidement.**

2- Résumer l'information: **De quoi ça parle?**

3- Comprendre le sens d'un mot dans un texte.

4- Comprendre l'organisation des phrases et des textes.

5- Faire des hypothèses à partir de tes connaissances: **anticiper** ce qu'on va lire, **dialoguer** avec l'auteur ou l'auteure.

6- Lire entre les lignes, faire des déductions comme un détective, voir plus loin.

Les stratégies d'ÉCRITURE ———————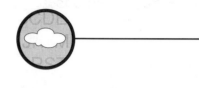

Pour écrire un bon texte, il faut suivre des étapes.

1- Trouver des idées.

2- Faire un brouillon.

3- Mettre de l'ordre dans la phrase et dans le texte.

4- Relire à voix haute son texte.

5- Se corriger:

- faire les accords,
- vérifier l'orthographe,
- mettre une majuscule et un point à chaque phrase.

Blaise, Julie et Félix vont t'accompagner tout au long de ton cahier.

Ces trois amis correspondent régulièrement à l'aide d'Internet. Ils utilisent le courrier électronique. Tu auras plusieurs occasions de lire leur courrier.

Chapitre 1

• La météo

La météo est un sujet vaste.
Les phénomènes météo affectent
la vie de tout le monde sur notre
planète. C'est ce que nous allons
voir dans ce chapitre.

Dans les journaux, à la télé, à
la radio, tu entends parler de
météo. On prévoit la météo pour
la journée qui vient ou encore
plusieurs jours d'avance.

Mais peut-on se fier aux
prévisions météo?

 Le projet

Pour ton premier projet, tu auras à répondre à cette question:
Peut-on se fier aux prévisions météo?

Pas trop vite! Tu pourras réaliser ton projet tout au long de ton chapitre en complétant le tableau ci-dessous.

Compare les prévisions météo entendues à la télévision, à la radio ou lues dans le journal avec ce qui est réellement arrivé.

Prévisions météo				Mes observations	
Source de l'information	Date de la prévision	Ciel prévu	Température prévue Max./min.	Ciel réel	Température réelle Max./min.
Ex.: *La Presse*	*2 avril*	*nuageux*	*14/8*	*orage*	*8/6*

Il te faut au moins 8 informations pour te prononcer sur la question.
Donc, il te faudra au moins 8 journées d'observation.

Le vocabulaire de la météo

Connais-tu des mots qui se rapportent à la météo?

Ce n'est pas facile à trouver!

> Fais une **tempête d'idées**.
> Écris toutes les idées qui te viennent à l'esprit. Tu peux écrire ces idées pêle-mêle.
> Dans une tempête d'idées, l'ordre n'a pas d'importance.

Remplis le nuage avec tes idées.

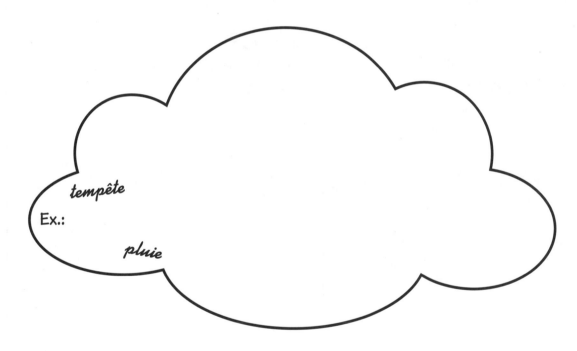

Pour te donner des idées, pense à ce que tu entends à la télévision ou à la radio. Ou encore, pense au climat de certains pays.

Le vocabulaire de la météo

Regarde si tous les mots que tu as écrits se retrouvent dans la liste suivante. Sinon, ajoute-les dans la bonne colonne.

NOMS		ADJECTIFS QUALIFICATIFS	
Nuage		Brumeux	Nuageux
Ensoleillement		Chaud	Orageux
Averse	Orage	Doux	Pluvieux
Ouragan	Brume	Énorme	Poudreux
Climat	Hiver	Ensoleillé	Sec
Poudrerie	Pluie	Frais	Splendide
Charrue	Automne	Froid	Tempéré
Éclaircie	Vent	Gros	Variable
Précipitation	Glace	Humide	Verglaçant
Printemps	Temps	Important	
Été	Soleil	Intermittent	
Tempête	Verglas	Magnifique	
Glaçon	Foudre		
Tornade	Météo		
_____		_____	
_____		_____	
_____		_____	
_____		_____	
_____		_____	

VERBES	Briller Chauffer Fondre Geler Neiger Pleuvoir

_____   _____

_____   _____

_____   _____

_____   _____

Ce vocabulaire va te servir pour faire les exercices tout au long de ce chapitre.

DES NOTIONS ET DES JEUX

Quelle est la température?

Pour connaître la température exacte, on se sert du thermomètre.

Le mercure dans le thermomètre indique le degré de température.
On appelle ces degrés: degrés Celsius ou ℃

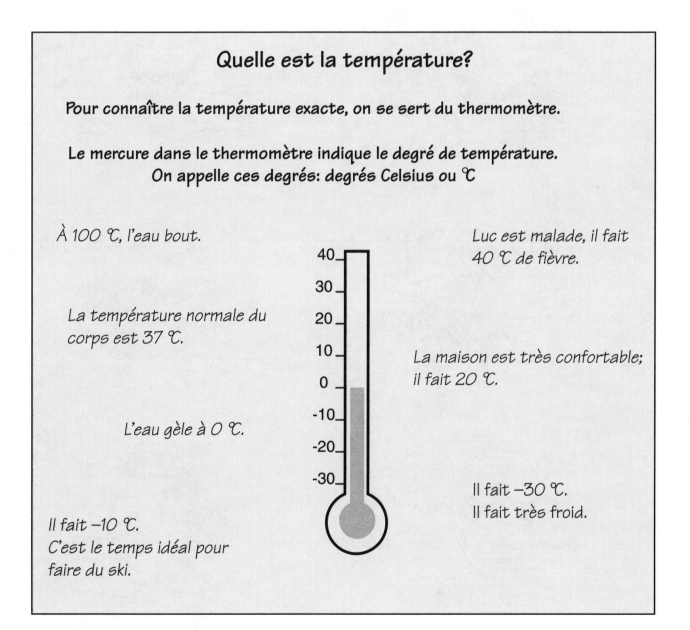

À 100 ℃, l'eau bout.

La température normale du corps est 37 ℃.

L'eau gèle à 0 ℃.

Il fait −10 ℃.
C'est le temps idéal pour faire du ski.

Luc est malade, il fait 40 ℃ de fièvre.

La maison est très confortable; il fait 20 ℃.

Il fait −30 ℃.
Il fait très froid.

Fais des hypothèses.

Quelle est la température?

Inscris sous chaque illustration le degré de température qui convient.

| 30 ℃ | 100 ℃ | −10 ℃ | 40 ℃ | 10 ℃ | −30 ℃ |

a) _____

b) _____

c) _____

d) _____

e) _____

f) _____

DES NOTIONS ET DES JEUX

Des abréviations et des symboles

Une abréviation est un moyen de raccourcir un mot.
On n'écrit que quelques lettres du mot.

KM/H

1. Où as-tu déjà vu cette abréviation?

    _____

    h signifie **heure.**
    Km signifie **kilomètre.**
    1 **kilomètre** est une distance de quelques coins de rue par exemple.
    En marchant normalement, on parcourt environ 4 kilomètres en une heure.

    Km/h veut dire le nombre de kilomètres parcourus en une heure.
    On marche environ à la vitesse de 4 km/h.

2. À quelle vitesse roule une automobile sur une autoroute? _____

3. À quelle vitesse roule une automobile dans un centre-ville? _____

4. À quelle vitesse peut souffler le vent durant une tempête? _____

    Pas facile! **Fais des hypothèses.**
    Discute avec d'autres élèves de tes réponses.

MAX./MIN.

Max. signifie **maximum**.
C'est le plus haut degré.
Min. signifie **minimum**.
C'est le plus bas degré.

Prévisions météo pour aujourd'hui: 15/8.

15/8 veut dire qu'il fera **15 degrés maximum** et **8 degrés minimum**.

5. Quelle est la température max. et min. dans ta région pour aujourd'hui?

_____

Un symbole est un signe pour représenter une idée.
On se sert des symboles dans la vie de tous les jours.

6. Associe les symboles suivants à ce qu'ils représentent.

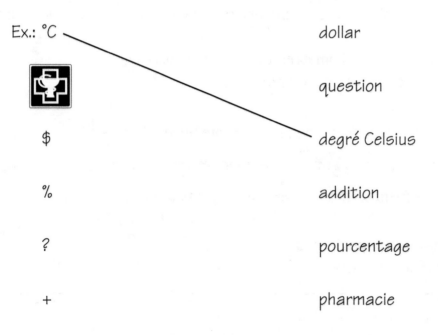

Ex.: °C   dollar

                    question

$ degré Celsius

%   addition

?   pourcentage

+   pharmacie

%

% est le symbole du **pourcentage**.

Pour la météo, le pourcentage indique **«les probabilités»**.

Par exemple, on peut dire qu'il y a **50 % de probabilité** de pluie aujourd'hui.

Plus le chiffre est grand, plus le risque de pluie est grand.

7. Précise si la probabilité est grande ou petite.

    a) Il y a 80 % de probabilité d'orage aujourd'hui. _____

    b) Il y a 10 % de probabilité de neige demain. _____

Fais des hypothèses.
Inscris le pourcentage qui te semble le plus logique.

8. Quelle est la probabilité de verglas en juin? _____

9. Quelle est la probabilité de grandes chaleurs en juillet? _____

10. Complète le message de Félix en ajoutant les quantités qui peuvent accompagner les abréviations.

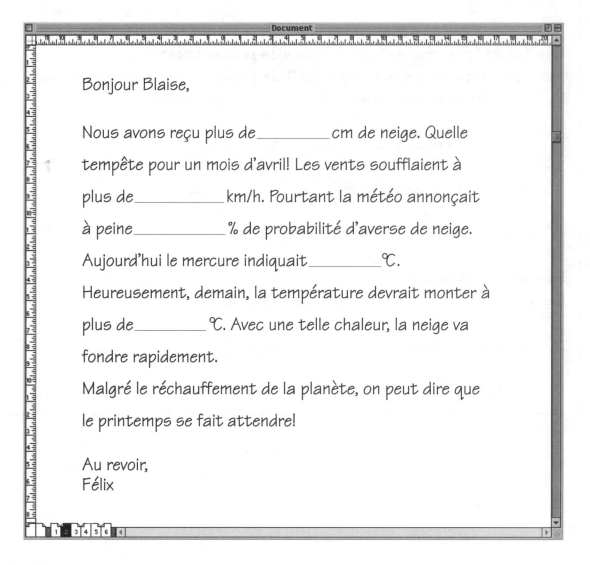

Bonjour Blaise,

Nous avons reçu plus de _____ cm de neige. Quelle tempête pour un mois d'avril! Les vents soufflaient à plus de _____ km/h. Pourtant la météo annonçait à peine _____ % de probabilité d'averse de neige. Aujourd'hui le mercure indiquait _____ ℃. Heureusement, demain, la température devrait monter à plus de _____ ℃. Avec une telle chaleur, la neige va fondre rapidement.

Malgré le réchauffement de la planète, on peut dire que le printemps se fait attendre!

Au revoir,
Félix

Discute de tes réponses avec d'autres élèves.
Ces abréviations et ces symboles vont t'aider à poursuivre ton projet.

11. En te servant des données suivantes, écris trois phrases.

20 %	25 ℃	40 km/h

1re _____

_____

2e _____

_____

3e _____

_____

➢ Relis tes phrases à voix haute. Sont-elles bien formées?
➢ Rappelle-toi qu'une phrase commence par une MAJUSCULE et se termine par un POINT.

*N'oublie pas de poursuivre ton projet.

Le temps qu'il fait

Aujourd'hui, il fera 15/8.
Le maximum sera de 15. Le minimum sera de 8.
Le ciel sera nuageux.

Le ciel est...

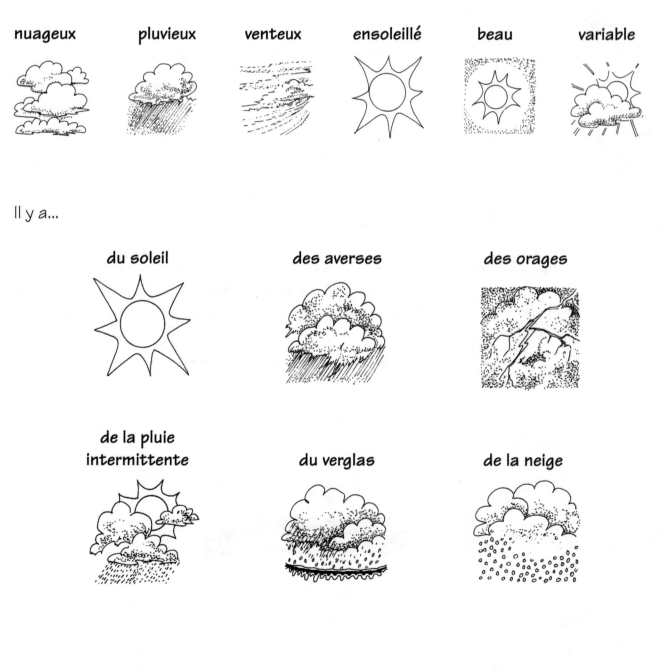

| nuageux | pluvieux | venteux | ensoleillé | beau | variable |

Il y a...

du soleil   des averses   des orages

de la pluie
intermittente   du verglas   de la neige

Voici un tableau des prévisions météo

Au Canada

	Aujourd'hui		Demain	
Calgary	Nuageux	11/−4	Beau	7/−3
Charlottetown	Averses	13/2	Éclaircies	8/−1
Cornwall	Averse neige	0/−4	Beau	5/−4
Edmonton	Pluie ou neige	3/−5	Variable	5/−6
Fredericton	Pluie	12/0	Éclaircies	7/−4
Halifax	Averses	13/0	Éclaircies	9/0
Iqaluit	Soleil	−17/−25	Averse neige	−14/−22
Moncton	Pluie	13/0	Éclaircies	7/−3
Regina	Averses	5/−2	Variable	8/−9
Rouyn	Variable	−2/−11	Soleil	1/−14
Saint-Jean	Variable	11/3	Averses	9/1
Saskatoon	Averse neige	2/−1	Variable	7/−7
Sudbury	Beau	0/−9	Ensoleillé	4/−8
Thunder Bay	Poudrerie	0/−10	Beau	2/−8
Vancouver	Variable	15/6	Beau	15/6
Victoria	Variable	15/5	Beau	15/5
Whitehorse	Variable	2/−8	Pluie ou neige	2/−3
Windsor	Averses	7/−3	Éclaircies	9/2
Winnipeg	Beau	−1/−7	Variable	7/−3
Yellowknife	Variable	−6/−19	Ensoleillé	−7/−25

Autour du monde

	Aujourd'hui	
Amsterdam	Beau	16/4
Athènes	Soleil	22/6
Beijing	Soleil	17/1
Berlin	Soleil	11/−4
Bruxelles	Éclaircies	17/3
Buenos Aires	Beau	27/19
Lisbonne	Beau	20/13
Londres	Beau	13/6
Los Angeles	Soleil	18/12
Madrid	Pluie	18/7
Mexico	Soleil	21/6
Moscou	Nuageux	11/4
New Delhi	Soleil	39/17
New York	Averses	11/2
Paris	Nuageux	18/3
Port-au-Prince	Beau	31/25
Rio	Beau	29/21
Rome	Pluie	17/4
Tokyo	Beau	16/8
Washington	Averses	12/6

Au soleil

	Aujourd'hui	
Acapulco	Soleil	37/19
Bahamas	Éclaircies	27/19
Barbade	Soleil	29/23
Bermudes	Averses	24/18
Cancun	Beau	29/20
Daytona Beach	Venteux	18/9
Ft. Lauderdale	Beau	22/16
Honolulu	Beau	27/21
Jacksonville	Variable	19/6
Key West	Venteux	22/18
La Havane	Beau	26/18
Las Vegas	Variable	28/12
Miami	Beau	22/18
Montego Bay	Beau	30/24
Orlando	Variable	19/10
Palm Springs	Beau	32/14
Puerto Plata	Beau	31/25
Tallahassee	Soleil	22/2
Tampa	Variable	21/10
West Palm Beach	Venteux	21/15

1. Quel temps fait-il dans les grandes villes du monde aujourd'hui?

   Ex.:   **ville**   **ciel**   **température**
       Montréal   nuageux   15/8

   Cherche dans les listes de la page précédente.

Ville	Ciel	Température max./min.
New York		
Paris		
Londres		
Washington		

2. Quel temps fera-t-il demain dans les villes canadiennes suivantes?

Ville	Ciel	Température max./min.
Vancouver		
Edmonton		
Windsor		
Calgary		
Moncton		

3. Quel endroit est le plus chaud dans les 3 listes?

   _____

4. Quel endroit est le plus froid dans les 3 listes?

   _____

On peut lire aussi la température directement sur une carte.
Voici la carte du Québec.

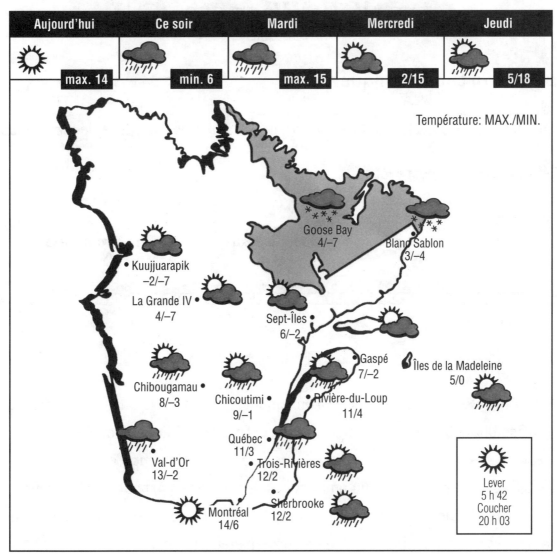

5. Complète le tableau météo à l'aide de cette carte.

Endroit	Ciel	Degré de température
Trois-Rivières		
Montréal		
Val-d'Or		
Goose Bay		
Îles de la Madeleine		

*N'oublie pas de poursuivre ton projet.

DES NOTIONS ET DES JEUX

Les signes orthographiques

Blaise a envoyé une lettre à Félix par courrier électronique. Il a oublié de mettre les accents.

Aide Félix à déchiffrer cette lettre.

1. Ajoute les accents manquants:

accent grave	accent aigu	accent circonflexe
\	/	^

Montreal, avril 2000

Bonjour Felix,

Je m'interesse beaucoup à l'environnement moi aussi. Je suis preoccupe par les changements de temperature. Je trouve que les saisons sont à l'envers. On a l'impression que l'hiver est doux. Le printemps semble plus hatif. L'automne est devenu un long ete des Indiens. Partout sur la planete, on vit des bouleversements importants. Meme ici, au Quebec, la meteo nous a apporté des grandes surprises ces dernieres annees.

En 1996, nous avons eu le deluge du Saguenay. Il est tombe 275 mm de pluie en deux jours. La meme quantite d'eau que les chutes Niagara en deux mois!

En janvier 1998, nous avons eu la fameuse tempete de verglas.

Le climat est-il detraque? J'aimerais bien connaitre ton opinion sur ce sujet.

A bientôt,

Blaise

Parfois, certains mots d'un texte sont difficiles à comprendre.
C'est décourageant! Mais il y a plein d'indices qui peuvent t'aider.

Regarde bien le titre et la photo.

Et ça mord!

Il faisait si beau hier que plusieurs ont délaissé leur bureau étouffant. Ces amateurs ravis ont lancé leurs lignes avec plaisir.
Peu importe le nombre de prises, avec un temps pareil, cette sortie était un vrai succès.

1.   Trouve un mot qui résume le texte ci-dessus. **Un seul mot.**

_____

2.   Maintenant, tu sais certainement ce que veulent dire les mots suivants.

   a) Lignes: _____

   b) Prises: _____

Promenons-nous dans les bois...

Même si les arbres de la forêt tardent à bourgeonner, les ornithologues amateurs, comme ce dernier, commencent déjà à observer la faune ailée de retour dans le parc ce printemps.

3. Qu'est-ce que la faune ailée? _____

Si tu as trouvé la réponse, tu pourras facilement répondre à la suivante.

4. Comment appelle-t-on un spécialiste des oiseaux?

_____

À ton tour maintenant d'écrire à partir de photographies.
Trouve des titres accrocheurs pour les photos suivantes.

5. Titre: _____

6. Titre: _____

7. Titre: _____

8. Titre: _____

9. Titre: _____

➢ Relis tes titres à voix haute.
➢ Vérifie l'orthographe des mots en te servant du vocabulaire.

DES NOTIONS ET DES JEUX

Le son «AN»
Le son «AN» peut s'écrire de différentes façons: AN   AM   EN   EM.

1. Encercle tous les mots contenant le son «AN».
   Compare tes résultats avec ceux inscrits au bas de la page.

Document

Bonjour Blaise,

En effet, la planète se réchauffe. Beaucoup de scientifiques sont convaincus que les activités humaines amènent un réchauffement. Mais attention, ces changements doivent être étudiés sur une longue période de temps.

Pour l'instant, on sait que la température moyenne de la Terre a gagné 0,5 °C. C'est beaucoup en cent ans!

À travers le monde, le 20e siècle a été le plus chaud depuis 1 200 ans.

Le changement climatique est un phénomène naturel. La Terre a connu de nombreuses périodes de réchauffement et de refroidissement. Les volcans influencent la température. L'énergie du Soleil aussi.

Maintenant, le mode de vie de l'homme influence aussi le climat. Les usines, les automobiles ont une influence sur le climat de notre planète.

Je t'en parlerai davantage dans une autre lettre.

Au revoir,
Félix

---

2. Combien as-tu encerclé de mots?

	AN	AM	EN	EM
Nombre trouvé dans le texte				
Nombre réel dans le texte	8	0	13	3

3. Tous les mots que tu dois trouver contiennent le son «AN».
    Si tu ne peux pas les trouver, consulte le vocabulaire pour t'aider.

a) Je suis une grosse tempête. Je cause parfois bien des dégâts.

    _____

b) Je suis une saison très agréable.

    _____

c) Je fais soulever les jupes ou tourner les parapluies.

    _____

d) Je suis parfois froide, parfois chaude.

    _____

e) Je suis la qualité de ce qui vient et part, vient et part, vient et part...

    _____

*N'oublie pas de poursuivre ton projet.

Activité 8

Connais-tu les Bourks?

Non! C'est bien normal, ce mot n'existe pas.
Le mot **Bourk** dans les textes suivants cache un autre mot.
Remplace le mot **Bourk** par celui qui convient.

Lis le texte au complet avant de répondre.

Le Bourk du 5 juillet 1999

Quel **bourk** mémorable que celui du 5 juillet dernier!

En Outaouais, nous avons reçu cette tempête vers minuit. Je dormais et je me suis réveillé soudainement. Le **bourk** était à nos portes. Les éclairs n'en finissaient plus.

Je me suis levé pour fermer les fenêtres. La chaleur était infernale cette nuit-là. De la fenêtre de la cuisine, j'ai vu les pots de fleurs extérieurs se faire arracher par le vent.
J'entendais un son très sourd frapper la maison.
J'ai eu très peur!
Au même moment, l'électricité a manqué. On est resté comme ça, sans électricité, durant 3 ou 4 jours.

1.   Bourk signifie: _____

Un bourk brise tout sur son passage!

Un jour, il y a 2 ans, le temps était vraiment très humide. Le temps paraissait calme et doux, mais on sentait quelque chose de spécial dans l'air. Ma famille et moi avons décidé de nous rendre, tout de même, au lac Saint-Fauvert pour nous promener en bateau.

Après cette très belle journée, à notre retour à la maison, nous avons eu un choc. Il y avait des arbres déracinés, et les vitres de notre maison étaient brisées. C'est avec angoisse que nous avons compris qu'un **bourk** était passé.

2.   Bourk signifie: _____

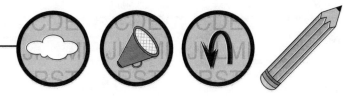

Les deux textes que tu viens de lire racontent une expérience vécue.
À ton tour de raconter en quelques phrases un souvenir concernant la météo.

Avant d'écrire, il faut réfléchir, faire **une tempête d'idées** et choisir la meilleure.
Trouve au moins cinq événements météo que tu as vécus. Une journée extraordinaire
ou catastrophique! Écris seulement un mot pour exprimer chaque événement.

Bien, maintenant, il faut choisir!

Événement choisi: _____

Trouve maintenant 4 mots pour qualifier l'événement en t'aidant du vocabulaire de la météo.

1er mot: _____   2e mot: _____

3e mot: _____   4e mot: _____

Écris une phrase avec chacun des mots que tu as sélectionnés.
Fais des phrases simples et courtes!

1re phrase: _____

_____

2e phrase: _____

_____

3e phrase: _____

_____

4e phrase: _____

_____

➤ Relis chaque phrase à voix haute. Est-elle bien formée?
➤ N'oublie pas qu'une phrase commence par une MAJUSCULE et se termine par un POINT.
➤ Retranscris ton texte corrigé dans ton cahier d'écriture personnel.

DES NOTIONS ET DES JEUX

La phrase

Une phrase comprend habituellement trois parties:

Le sujet   **le verbe**   **le complément**

Ex.:   *Le vent*   *souffle*   *sur la ville.*
         sujet   **verbe**   **complément**

Le **sujet** fait l'action.
Le **verbe** représente l'action.
Le **complément** complète le verbe.

Forme des phrases en associant un sujet, un verbe et un complément du tableau ci-dessous.

Sujet	Verbe	Complément
L'hiver	a détruit	une tempête.
(Il)	est	(aujourd'hui.)
La tornade	brille	le 21 décembre.
Le soleil	tombe	dans le ciel.
La poudrerie	est passé	la grange.
On	diminue	la visibilité.
L'ouragan	débute	60 % de probabilité d'averses.
L'éclair	annonce	sur la maison.
Le temps	(neige)	pluvieux.

Ex.: Il neige aujourd'hui.

*N'oublie pas de poursuivre ton projet.

> Comme tu as pu le remarquer, on peut trouver le sens d'un mot en regardant bien les autres mots tout autour.

Fais une petite expérience.

1. Encercle le mot qui a le sens le plus près des mots de la colonne de gauche.

Ex.: **perte**	Oubli	(diminution)	expert	trace
a) **Isolant**	solitaire	impoli	drôle	protection
b) **Polystyrène**	science	matériau	maladie	impoli
c) **Réside**	habite	se trouve	colle	annule
d) **Faune**	arbre	animaux	jambe	gigot
e) **Refuge**	abri	non	chute	refus
f) **Pouvoir**	faire	mission	droit	puissance

Lis maintenant le texte suivant.
Tu trouveras les mots que nous avons vus plus haut.
Souligne-les et compare tes réponses avec le sens des mots dans le texte.

Comment la neige peut-elle nous garder au chaud?

Comment la neige peut-elle nous garder au chaud? Plusieurs personnes se demandent quel est ce pouvoir de la neige.

En effet, la neige fraîche est un des isolants les plus efficaces. L'explication réside dans le fait que la neige est constituée d'air à 95 %. Les flocons jouent le rôle d'isolant au même titre que la fibre de verre ou le polystyrène. Comparons la température de l'air juste au-dessus d'une couche de neige de 40 cm et celle du sol sous cette couche de neige. Pendant la nuit, par temps froid, quand la température de l'air est –30 ℃, celle du sol n'est que –6 ℃.

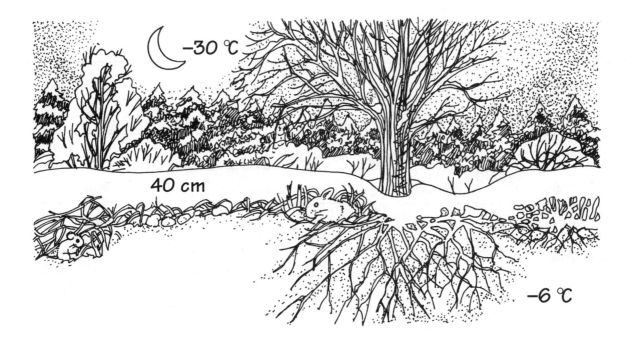

Sans cette protection naturelle, la terre gèlerait en profondeur. Des espèces de plantes ne survivraient pas. La faune serait aussi en danger. Surtout les petits mammifères comme les souris, les écureuils et les lapins. Les gros animaux, eux, se protègent des grands froids en creusant des tunnels dans la neige. Même les insectes trouvent refuge sous la neige.

Enfin, une telle couche de neige sur le toit d'une maison est aussi un isolant. Elle diminue la perte de chaleur.

Retourne maintenant à la question n° 1.
Corrige tes réponses.

2. Est-ce que tu as changé des réponses? _____

Relis une autre fois ce texte. Il contient plein d'informations intéressantes.

3. Quelle est la phrase qui résume le mieux ce texte?

a) La neige est constituée d'air à 95 %.
b) La neige est un des meilleurs isolants contre le froid.
c) La neige offre une grande protection aux animaux et aux plantes.
d) Sous une couche de neige de 40 cm, le sol est beaucoup plus chaud que l'air ambiant.

Pour améliorer ses compétences en lecture, il est bon de se faire une idée générale de sa lecture. On devrait toujours pouvoir répondre à la question: **De quoi ça parle?**

DES NOTIONS ET DES JEUX

Le vocabulaire: le sac à syllabes

Tu peux former beaucoup de mots sur la météo à partir des syllabes contenues dans le sac suivant.

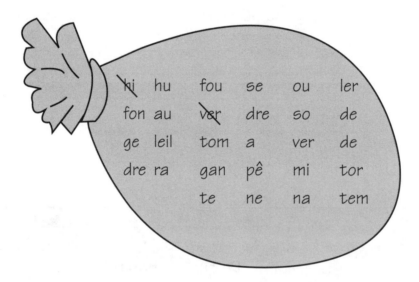

hi	hu	fou	se	ou	ler
fon	au	ver	dre	so	de
ge	leil	tom	a	ver	de
dre	ra	gan	pê	mi	tor
	te	ne	na	tem

1. Écris les mots que tu trouves et barre les syllabes au fur et à mesure.

    Ex.: hiver

    _____   _____

    _____   _____

    _____   _____

    _____   _____

    _____   _____

    _____

    Pour t'aider, regarde le vocabulaire de la météo p. 4.

Mot-mystère

O	X	U	E	M	U	R	B
U	V	A	G	E	L	E	R
R	E	U	A	E	D	T	L
A	N	O	U	A	L	M	I
G	T	N	N	E	I	G	E
A	F	R	O	I	D	E	L
N	O	S	E	G	A	R	O
T	E	M	P	E	T	E	S

Peux-tu trouver tous les mots ci-dessous dans la grille?
Assemble les lettres qui resteront et tu trouveras le mot-mystère.

BRUMEUX   ORAGES
FROID   OURAGAN
GEL   SOLEIL
GELER   TEMPÊTES
NEIGE   TORNADE
NUAGE   VENT

2.   **Mot-mystère:**_____ C'est une saison très colorée.

Tu connais bien maintenant le vocabulaire de la météo.

3. **Complète les expressions suivantes par un mot du vocabulaire de la météo.**

a) Il est plus rapide que l'_____.

b) Blaise a souvent la tête dans les _____.

c) Félix porte une chemise blanche comme _____.

d) Quel désordre! On dirait qu'une _____ est passée par là!

e) C'est le calme avant la _____.

f) Julie réussit bien. Elle a le _____ dans les voiles.

g) Après la _____ le beau temps.

*N'oublie pas de poursuivre ton projet.

Activité 12

Voici les prévisions météo d'Environnement Canada du 12 mai pour les villes de Winnipeg et de Québec.

Ces deux villes sont très éloignées l'une de l'autre.

Regarde sur une carte du Canada et cherche Winnipeg et Québec.

Comparons-les.

Météo du 12 mai 2000, 10 h	
Winnipeg et sa région	**Québec** et sa région
Conditions actuelles	
Pluie faible parfois mêlée de neige. Brouillard. Précipitation de 3 à 4 cm.	Généralement ensoleillé. Ennuagement en après-midi. 40 % de probabilité d'averses.
Température	
5 ℃. Température baissant à 2 ℃ ce soir.	11 ℃. Max. près de 18 ℃ durant l'après-midi. Min. près de 7 ℃ en soirée.
Vents	
40 km/h avec rafales de 70 km/h.	21 km/h augmentant à 50 km/h durant la nuit.
Humidité relative	
91 %	68 %
Visibilité	
8 km	48 km
Normales pour la saison	
Min. 3 ℃, max. 7 ℃	Min. 5 ℃, max. 17 ℃

1. Laquelle de ces deux villes a un climat plus doux durant cette saison?

   _____

2. Observe bien **les conditions actuelles**. Explique pourquoi la visibilité est plus faible à Winnipeg qu'à Québec.

   _____

   _____

3. Qu'est-ce qu'une rafale? Un vent doux ou un vent fort?

   _____

4. Dans quelle ville le vent souffle-t-il le plus fort?

   _____

5. Dans quelle ville l'humidité est-elle la plus élevée?

   _____

6. Qu'est-ce qui peut se produire lorsque l'humidité est très élevée?

   _____

7. Complète les phrases suivantes en ajoutant les mots de la comparaison ci-dessous.

Plus... que   moins... que   aussi... que   mais

   Ex.: Il fait plus chaud à Québec qu'à Winnipeg.

   a) L'humidité est_____ élevée à Québec_____ à Winnipeg.

   b) Les vents sont_____ forts à Québec_____ à Winnipeg.

   c) À Québec, le ciel est ensoleillé,_____ il y aura ennuagement en après-midi.

   d) À Winnipeg, il fait 5 ℃,_____ en soirée il fera seulement 2 ℃.

   e) À Winnipeg, la visibilité n'est pas_____ bonne_____ à Québec.

À ton tour de comparer deux endroits que tu connais bien.

Exemple	Lieu où je me trouve: Toronto	Lieu de mon choix: Moscou
Date	1 juin	1 juin
Température	20/12	15/8
Ciel	Ensoleillé	Nuageux
Climat en été	Chaud	Chaud
Climat en hiver	Froid	Froid

Complète le tableau suivant à partir du lieu où tu te trouves et d'un endroit de ton choix. Pourquoi pas des villes comme Paris, Miami, Mexico?
Inspire-toi de l'exemple.

	Lieu où je me trouve: _____	Lieu de mon choix: _____
Date		
Température		
Ciel		
Climat en été		
Climat en hiver		

À partir des mots de la comparaison, fais quatre phrases pour comparer ces deux endroits.

Plus... que   moins... que   aussi... que   mais

Ex.: L'hiver est <u>aussi</u> froid à Moscou <u>qu'</u>à Toronto.

_____

_____

_____

_____

_____

_____

_____

_____

➤ **Lis tes phrases à voix haute pour voir si elles sont bien formées.**

➤ **Une phrase commence par une MAJUSCULE et se termine par un POINT.**

Activité 13 —————————

Connais-tu des chansons qui parlent des saisons?
Les saisons ont inspiré plusieurs poètes québécois.

Félix Leclerc a chanté les saisons.

Il a été l'un des poètes les plus importants du Québec.
Plusieurs de ses chansons sont des classiques de la chanson québécoise.

Devine de quelle saison il s'agit.
Pour t'aider, encercle les mots qui
se rapportent à cette saison.

---

1. Hymne_____ _____

Vois les fleurs ont recommencé,
Dans l'étable crient les nouveau-nés,
Viens voir la vieille barrière rouillée
Endimanchée de toiles d'araignée;
Les bourgeons sortent de la mort,
Papillons ont des manteaux d'or,
Près du ruisseau sont alignées les fées
Et les crapauds chantent la liberté
Et les crapauds chantent la liberté...
(extrait de la chanson)

Titre: Notre sentier
Notre sentier près du ruisseau
Est déchiré par les labours;
Si tu venais, dis-moi le jour
Je t'attendrai près du bouleau.

Les nids sont vides et décousus
Le vent du nord chasse les feuilles
Les alouettes ne volent plus
Ne dansent plus les écureuils
Même les pas de tes sabots
Sont agrandis en flaques d'eau.
(extrait de la chanson)

2. Saison:_____

Retour sur le projet

Peut-on se fier aux prévisions météo?

Examine les données de ton tableau.

1.   Combien de fois les prévisions ont-elles été justes?
     _____ sur 8.

Compare tes données avec celles d'autres élèves.

2.   Écris une phrase pour exprimer ton opinion.

     _____

     _____

     _____

     _____

✱ **Il existe plusieurs sites Internet très intéressants sur la météo:**

✱ Environnement Canada

✱ Bew

✱ Météo média

Fais des recherches à l'aide des mots clés suivants:

météo   environnement

✱ **Achète un journal et découpe tous les articles qui traitent d'un phénomène météo.**

- Colle les articles dans ton cahier d'écriture personnel.
- Écris un mot qui résume chaque article.
- Écris tous les mots dans ces articles qui concernent la météo.

Chapitre 2

Tout le monde peut pratiquer
un sport.
Blaise, Julie et Félix font du vélo.
La bicyclette est un sport à la portée de
tous.

Dans ce chapitre, tu trouveras plusieurs
suggestions de randonnées à bicyclette. Il
existe plusieurs pistes cyclables. Il y en a
dans toutes les régions du Québec et
ailleurs au Canada.

Peut-être que cela te donnera
des idées.

 Le projet

Dans ce chapitre, tu trouveras plusieurs circuits pour la bicyclette.
Toi aussi, tu auras à présenter un circuit.
Pas trop vite! Tu pourras réaliser ton projet tout au long de ton chapitre.

étape 1
Premièrement, trouve une randonnée intéressante dans un quartier ou une région de ton choix.

Fais une **tempête d'idées**.
Écris des noms d'endroits où tu pourrais te promener à bicyclette.

Maintenant, choisis celui qui t'intéresse le plus.

Circuit:_____

Le vocabulaire de la bicyclette

Voici le vocabulaire qui te servira tout au long de ce chapitre.

NOMS	VERBES	ADJECTIFS QUALIFICATIFS
Bicyclette	Regarder	Courtois
Casque	Pédaler	Cyclable
Cycliste	Freiner	Lent
Excursion	Ralentir	Protecteur
Frein	Arrêter	Prudent
Guidon	Rouler	Rapide
Piste	Se promener	Sécuritaire
Pneu	Accélérer	
Prudence		
Randonnée		
Roue		
Sécurité		
Selle		
Tandem		
Tricycle		
Vélo		

Remets en ordre alphabétique la liste des verbes du vocabulaire.

Les verbes

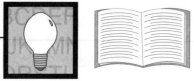

Les composantes de la bicyclette

1.   En te servant du texte ci-dessous, trouve le nom des parties de la bicyclette.

     Julie prépare sa bicyclette pour la nouvelle saison.
     Elle vérifie les pneus.
     Ils ne sont certainement pas assez gonflés. La selle est trop haute pour qu'elle puisse s'asseoir confortablement. Le caoutchouc du guidon est déchiré. Elle posera de belles poignées neuves sur le guidon. La chaîne est sortie du dérailleur. La peinture du cadre est tout écaillée. Elle va le repeindre vert lime.

(_____)

(_____)

(_____)

(_____)

(_____)

2.   Connais-tu d'autres parties de la bicyclette? Identifie ces parties sur le dessin.

DES NOTIONS ET DES JEUX

La syllabe

Sais-tu faire des charades? Suis les étapes suivantes.
1er On te donne des **indices** pour former un mot.
2e Chaque **réponse** forme une syllabe du mot.
3e Tu dois rassembler les syllabes pour former le **mot**.

Ex.:   **1er indice**: *Mon premier est une rangée.*
         Réponse: *rang*
         2e indice: *Mon second n'est pas vendu.*
         Réponse: *donné*
         3e indice: *Mon tout est une promenade.*
         Mot: *randonnée*

Charade

1. Mon premier est le prénom d'un garçon: _____

    Mon second est gratuit: _____

    Mon tout est une partie du vélo: _____

2. Mon premier n'est pas long: _____

    Mon second recouvre la maison: _____

    Mon tout est une belle qualité pour un cycliste: _____

3. Mon premier est un animal qui vit dans les égouts: _____

    Mon second n'est pas vite: _____

    Mon troisième, il faut être très habile pour le réussir: _____

    Mon tout est l'action de modérer la vitesse: _____

Cherche dans ton vocabulaire, les réponses s'y trouvent.

Mot-mystère

R	A	L	E	N	T	I	R
E	E	E	G	U	I	T	C
N	D	N	D	O	N	A	F
E	I	T	N	E	S	R	T
M	P	E	D	Q	E	E	P
O	A	U	U	I	R	E	N
R	R	E	N	R	O	U	E
P	E	D	A	L	E	R	U

ARRÊT	PROMENER
CASQUE	PRUDENT
FREIN	RALENTIR
LENTE	RAPIDE
PÉDALER	ROUE
PNEU	RUE

4. Mot-mystère:_____ Je suis une partie de la bicyclette.

Activité 3—————————————

Est-ce que tu portes un casque pour faire du vélo?
Lis bien ce qui suit.

Le casque, une protection indispensable

Les chutes provoquent très souvent des blessures à la tête.
Elles sont responsables d'environ 80 % des décès chez les cyclistes. C'est pourquoi le port d'un casque protecteur est si important.
Son efficacité a été démontrée à plusieurs reprises.
Porte-le chaque fois que tu roules à bicyclette, même sur de courtes distances.

À l'achat d'un casque, vérifie s'il est approuvé par l'un des organismes suivants: ACNOR, ANSI, SNELL ou SEI. La présence d'un de ces logos garantit la qualité et la solidité du casque. De plus, assure-toi que le casque est stable et qu'il couvre bien le dessus de la tête. Il ne doit ni ballotter ni tomber sur le front ou la nuque. Utilise les coussinets de mousse vendus avec les casques, ils permettent un bon ajustement.

Le casque est bien ajusté lorsque les courroies avant et arrière se rejoignent et que la mentonnière n'est pas trop serrée.

Bonne promenade, maintenant!

1.   Quel est le mot principal de ce texte? _____

      Ce mot est le sujet du texte.

Chapitre 2 Le sport   **49**

Relis le texte avec un surligneur jaune et souligne tous les mots que tu juges très importants.

2. Écris les 4 mots les plus importants.

_____   _____

_____   _____

3. Fais 2 phrases en utilisant ces mots.

1re _____

_____

2e _____

_____

Tu as maintenant une bonne idée du texte.

Examine de plus près le vocabulaire de ce texte.

4. Comment appelle-t-on une personne qui fait de la bicyclette?

_____

5. Un de ces mots veut dire **bouger,** l'autre veut dire **ne pas bouger.**

a) **Stable** veut dire _____

b) **Ballotter** veut dire _____

6. a) Trouve un mot contenu dans le mot

mentonnière. _____

b) À quoi sert une mentonnière? _____

_____

7. Maintenant place les mots qui indiquent les parties du casque.
Utilise les mots du texte. (p. 49)

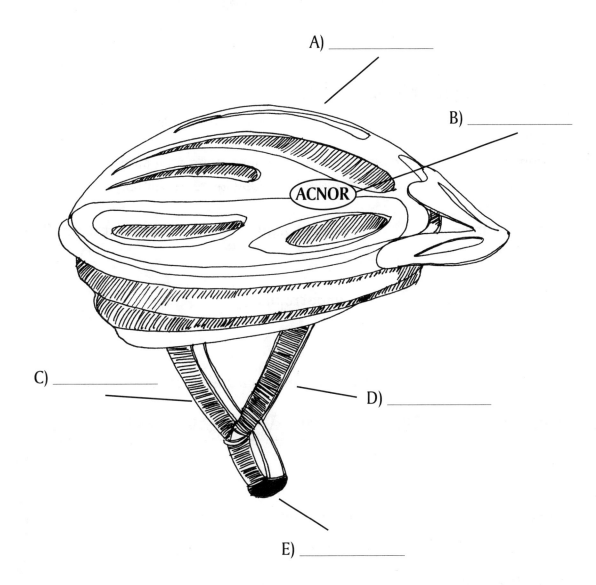

A) _____

B) _____

C) _____

D) _____

E) _____

Bien visualiser ce que l'on lit est une bonne façon de comprendre un texte.

DES NOTIONS ET DES JEUX

Les signes orthographiques

Décidément Blaise ne change pas!
Il a encore oublié de mettre les signes orthographiques dans sa lettre.
Il n'a pas seulement oublié les accents, mais tous les signes suivants:

accent grave	accent aigu	accent circonflexe
\	/	∧

cédille	apostrophe
ς	,

Aide Blaise à déchiffrer cette lettre en ajoutant les signes orthographiques.

```
Document

Bonjour Felix,

Connais-tu Genevieve Jeanson? C est une cycliste quebecoise de 18

ans dont on entend parler de plus en plus. En fait, Genevieve est un

vrai phenomene!

Elle a ete la revelation de l'annee dans le cyclisme canadien en 1999.

Agee de 18 ans, elle fait parler de plus en plus d elle dans les medias

quebecois. Imagine, elle est la championne du monde au niveau junior.

Une premiere dans le cyclisme canadien!
```

Selon un journaliste de *La Presse*, trois choses font de Genevieve

Jeanson une petite merveille a pedales. Un, son

talent. Deux, une capacite de souffrir exceptionnelle.

Trois, un entraineur prive presque a temps plein.

Toujours selon ce journaliste, elle est une des trois meilleures cyclistes

au monde.

On la verra peut-etre a Sidney pour les Jeux olympiques!

Tout ca pour te dire mon cher Blaise que j aimerais bien

faire une randonnee a bicyclette avec toi samedi. On

pourrait faire le tour de l ile. Si ca t interesse, appelle-moi.

A bientot,

Felix

1. Combien as-tu corrigé de signes orthographiques?

Signes orthographiques	É	è	ê	î	ç	à	ô	'	â
Nombre trouvé dans le texte									
Nombre réel dans le texte	17	6	1	2	2	4	1	6	1

Relis lentement la lettre de Félix.

2.   Quel est son but?

_____

Si tu hésites, relis la fin de la lettre. La réponse s'y trouve.

Suite du projet: étape 2
(p. 44)

Quelles sont les rues de ton circuit?
Écris le nom des rues.
N'oublie pas que les noms propres prennent des MAJUSCULES.

_____   _____

_____   _____

_____   _____

_____   _____

_____   _____

_____   _____

Fiche biographique de Geneviève

Nom: Jeanson
Prénom: Geneviève
Date de naissance: le 29 août 1981
Poids: 110 livres (50 kg)
Lieu de naissance: Lachine, Montréal
Parents: Yves et Nicole Jeanson
École fréquentée en 1999: Cégep André-Laurendeau
Études: Sciences administratives
Entraîneur: André Aubut
Orthopédiste: Maurice Duquette
Capacité physique: «Elle peut pédaler deux heures avec le cœur battant à 185 pulsations à la minute. Un joueur de la LNH serait très essoufflé de pédaler à cette vitesse durant 7 minutes» dit son orthopédiste.

Geneviève Jeanson, jeune espoir du cyclisme canadien

À ton tour de remplir une fiche biographique **sans fausse modestie**.

Nom: _____

Prénom: _____

Date de naissance: _____

Lieu de naissance: _____

Parents: _____

Talent particulier (écris une phrase complète):

Ex.: *Je joue de la guitare. Je suis un bon mécanicien.*

_____

_____

Performance (écris une phrase complète):
Ex.: *Je joue des airs populaires. Je répare la voiture de mes amis.*

_____

_____

➢ **Relis ces phrases à voix haute. Sont-elles bien formées?**
➢ **Une phrase commence par une MAJUSCULE et se termine par un POINT.**

DES NOTIONS ET DES JEUX

Le son «É» peut s'écrire de plusieurs façons: É ER EZ AI.

1.   Encercle le plus vite possible tous les mots contenant le son «É».

Bicyclette excursion sécurité freinez prudent sécuritaire

selle orageux vélo randonnée froid rouler ralentir pédaler

roue frein pneu soleil guidon protecteur regardez cyclable

piste arrêtez ralentissez hiver lent rapide

Total de mots trouvés: _____

Total réel: 10

Si ton total est différent, corrige-toi.

Le son «È» peut s'écrire de plusieurs façons: È Ê AI EI ET AY.

2.   Encercle le plus vite possible tous les mots contenant le son «È».

Vélo mètre brumeux prudence arrêter freinez cyclable

thermomètre lent casque guidon kilomètre pneu ralentir

sécuritaire rapide tempête protecteur pédaler frais vent

venter forêt sentier automne précipitation

Total de mots trouvés: _____

Total réel: 9

Si ton total est différent, corrige-toi.

Le texte de Julie a des lettres manquantes.
Tous les É et les È sont effacés.

3. Peux-tu reconstituer ce texte?

Document

Bonjour Blaise,

Le Tour de l'île va d___buter bientôt. J'ai bien l'intention d'y participer. C'est une randonn___e de 60 kilom___tres. C'est un ___v___nement cycliste tr___s important. En fait, l'an dernier 45 000 personnes ont particip___. Ce qui est le record Guinness pour ce genre d'activit___.

Il y a aussi le tour des enfants pour les petits âg___s de 6 à 12 ans.

Toutes les pi___ces de mon v___lo ont ___t___ inspect___es. J'esp___re que tu vas m'accompagner.

Julie

Histoire du vélo

1816: la draisienne

C'est un Allemand du nom de Karl Friedrich Drais qui conçoit la première bicyclette. On l'appelle la draisienne à cause du nom de son inventeur.
La draisienne n'avait pas de pédales. Il fallait se servir de ses pieds pour propulser la draisienne.

1869: le vélocipède

Pierre et Ernest Michaux, des Français, inventent le vélocipède. La roue avant tourne grâce à un pédalier. C'est un grand succès!

1870: le «penny-farthing»

Un an plus tard, James Starley conçoit un vélocipède, appelé le «penny-farthing». Sa roue avant mesure 1,5 m de diamètre. Sa roue arrière mesure 50 cm seulement. La grande roue permet de parcourir une plus grande distance à chaque tour de pédale.

1877: le cadre en acier

Jusqu'à maintenant, les bicyclettes étaient faites avec un cadre de bois. Les premiers cadres en tubes d'acier rendent la «bicyclette» plus légère et plus durable.

1885: la bicyclette

John Starley invente une bicyclette avec deux roues de mêmes dimensions.
Et comble du confort, il met des pneus sur les roues.

Il faudra attendre **1890** pour que la bicyclette soit munie de freins!

En te servant des informations de la page précédente, trouve le nom de chacun de ces vélos.

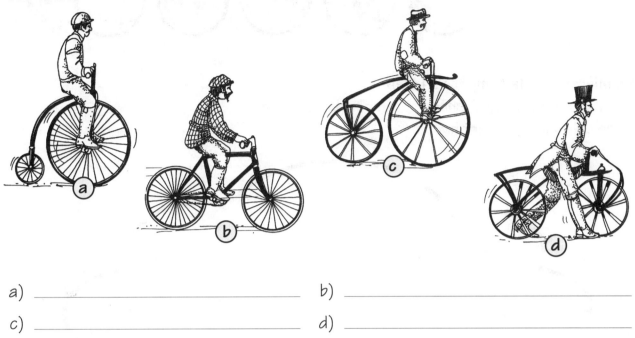

a) _____   b) _____

c) _____   d) _____

L'histoire de la bicyclette est en ordre chronologique.

Avec l'ordre chronologique, on suit les étapes en commençant par la plus ancienne.

On peut raconter les grandes étapes de la vie d'une personne.

Raconte ton histoire.
Trouve des étapes importantes et amusantes.
Ex.: premier vélo, premier amour, premier voyage, etc.

Premièrement: la tempête d'idées

Retrace au moins six événements importants de ta vie.
Écris un seul mot pour chacun.

Choisis trois événements parmi ceux que tu as écrits dans le nuage.

1er événement:_____

2e événement:_____

3e événement:_____

Pour t'aider à écrire ton histoire, il vaut mieux faire un brouillon. Complète le tableau pour organiser les informations de ton texte.

Date	Événement	2 mots associés à cet événement
Ex.: 1979	Naissance des jumeaux	. surprise . Rimouski

Écris trois phrases courtes et simples en t'inspirant des informations du tableau. Commence tes phrases en nous situant dans le temps (date).

Ex.: En 1979, j'ai eu des jumeaux à Rimouski.

1re phrase _____

_____

2e phrase _____

_____

3e phrase _____

_____

➤ N'oublie pas que la phrase commence par une MAJUSCULE et se termine par un POINT.

➤ Relis à voix haute chaque phrase. Est-elle bien formée?

➤ Replace les événements en ordre chronologique: du plus ancien au plus récent.

➤ Corrige les accords: le verbe avec son sujet.

➤ Retranscris ton texte corrigé dans ton cahier d'écriture personnel.

Activité 8

DES NOTIONS ET DES JEUX

Le verbe

Trouve l'intrus.

1. Dans les listes suivantes, il y a un mot qui n'est pas un verbe.
Encercle-le.

   Ex.:   rire   neiger   (pluie)   geler   dégeler

   a) pédaler   guidon   promener   courir   ralentir

   b) randonnée   arrêter   freiner   parcouri   voir

   c) rouler   sécurité   lire   pleuvoir   venter

   d) fondre   geler   briller   variable   dormir

2. Associe un sujet et un verbe.
Attention, certains verbes sont au pluriel, d'autres au singulier.

Sujets	Verbes
Les cyclistes	Pédale
Les feuilles	Tombe
La pluie	Souffle
Le vent	Tombent
L'enfant	Pédalent

_____

_____

_____

_____

_____

3. Forme des phrases simples en associant un sujet, un verbe et un complément du tableau ci-dessous.

Sujet	Verbe	Complément
Félix	fait	une championne cycliste.
Les freins	est	de la bicyclette.
(Ce vélo)	protège	(plus de 400 $.)
La piste cyclable	(coûte)	un magnifique parc.
Le casque	est	un bon exercice.
La bicyclette	traverse	en 1890.
Geneviève Jeanson	sont apparus	lors d'une chute.

Ex.: Ce vélo coûte plus de 400 $.

_____

_____

_____

_____

_____

_____

_____

_____

_____

_____

Activité 9 —————————————————

Maintenant faisons une randonnée à bicyclette.
Mais où aller?
Une bonne façon de faire de la bicyclette est de participer à des activités organisées.

Le 25e cyclothon de la Fondation du diabète

Dimanche le 11 juin, la Fondation du diabète organise son 25e cyclothon. La randonnée se fera au parc Lafontaine et dans les rues avoisinantes. On attend près de 5 000 cyclistes, patineurs et marcheurs. Le départ se fait au parc Lafontaine. Puis, les participants et participantes empruntent la rue Rachel jusqu'à Frontenac. Ils se dirigent alors vers le nord jusqu'au boul. Saint-Joseph. À la rue Molson, ils redescendent jusqu'à la rue Rachel. Ils poursuivent jusqu'à l'avenue Émile-Duployé. De là, ils descendent jusqu'à la rue Sherbrooke, puis ils regagnent l'avenue du parc Lafontaine.

1.   Le texte décrit le circuit du cyclothon. Relis le texte et trace ce circuit sur la carte ci-dessous.

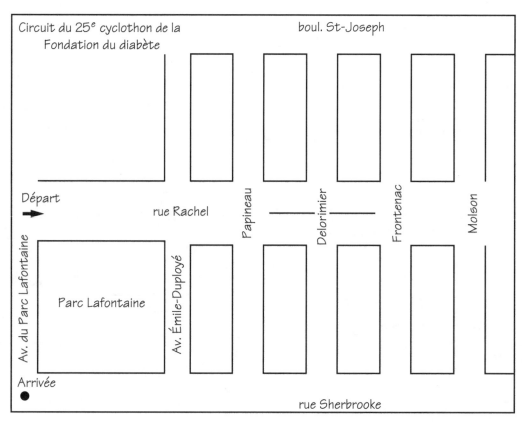

Suite du projet: étape 3

(p. 44-54)

Brouillon

Fais le plan de ton circuit. Trace les rues que tu dois emprunter.
Inspire-toi du plan du cyclothon.

PLAN du circuit

Montre ton plan à d'autres élèves. Tu pourras le corriger si c'est nécessaire.
Refais le plan au propre à la dernière page de ce chapitre.

Activité 10

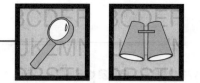

Il existe beaucoup de belles pistes cyclables partout au Canada.

Si tu passes des vacances à l'Île-du-Prince-Édouard, profites-en pour te promener sur **le Sentier de la Confédération**.

L'Île-du-Prince-Édouard est une des dix provinces du Canada.
Regarde sur une carte du Canada où se trouve l'Île-du-Prince-Édouard.

Le sentier de la Confédération

Le sentier fait 225 km de longueur. La piste est d'excellente qualité. On a appliqué de la poudre de pierre sur toute la piste.
Le sentier est divisé en deux parties importantes. Une partie amène le cycliste à l'est de l'île. L'autre partie amène le cycliste à l'ouest de l'île.

Durant ton voyage, tu pourras admirer les paysages de l'île et ses petits villages.

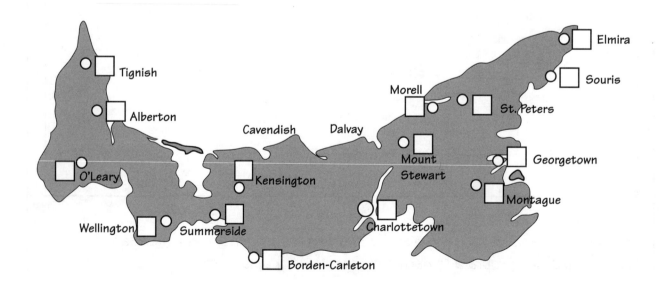

© Guérin, éditeur ltée

1. Dessine les 2 circuits sur la carte.

Voici comment :
- Relie sur la carte les villages du tableau ci-dessous.
- Indique par un numéro chaque village en commençant par le premier.

Attention, il y a 2 circuits!

Les distances :			
L'ouest de l'Île-du-Prince-Édouard		L'est de l'Île-du-Prince-Édouard	
Tignish	début	Mount Stewart	début
Alberton	21 km	Morell	15 km
O'Leary	45 km	St. Peters	26 km
Wellington	91 km	Souris	63 km
Summerside	106 km	Elmira	72 km
Kensington	124 km		

2. Penses-tu qu'il est possible de faire ce circuit en une seule journée? Réponds par une phrase complète.

   Oui, c'est possible. Non, ce n'est pas possible.

   _____

3. Est-ce qu'il faut être un expert pour prendre cette piste?

   Oui, il faut être un expert. Non, il ne faut pas être un expert.

   _____

4. Le circuit est divisé en deux randonnées; lesquelles?

   _____

5. On dit que la plus belle partie est à St. Peters. À combien de km du point de départ se trouve St. Peters?

   St. Peters est à _____ km du point de départ.

La province de Québec est remplie de pistes cyclables.

Examine la carte du Québec.

Les régions du Québec

1. Abitibi-Témiscamingue
2. Bas-Saint-Laurent
3. Cantons-de-l'Est
4. Charlevoix
5. Chaudière-Appalaches
6. Duplessis
7. Gaspésie
8. Îles de la Madeleine
9. Lanaudière
10. Laurentides
11. Laval
12. Manicouagan
13. Mauricie—Bois-Francs
14. Montérégie
15. Montréal
16. Nouveau-Québec—Baie-James
17. Outaouais
18. Québec
19. Saguenay—Lac-Saint-Jean

Chaque région offre des sentiers intéressants.
Allons voir!

Région des Laurentides

6. Trouve sur la carte du Québec le numéro correspondant à la région des

Laurentides: _____

Le P'tit train du Nord

Cette piste cyclable a 200 km de long. Elle longe des rivières, des lacs et aussi des villages de montagne. À chaque village, on peut voir une vieille gare. Eh oui! la piste a été aménagée sur un ancien chemin de fer.

La plus belle partie se situe entre Saint-Jérôme et Saint-Faustin–Lac-Carré. L'autre partie est belle, mais les distances entre les villages sont plus grandes. C'est un peu plus monotone.

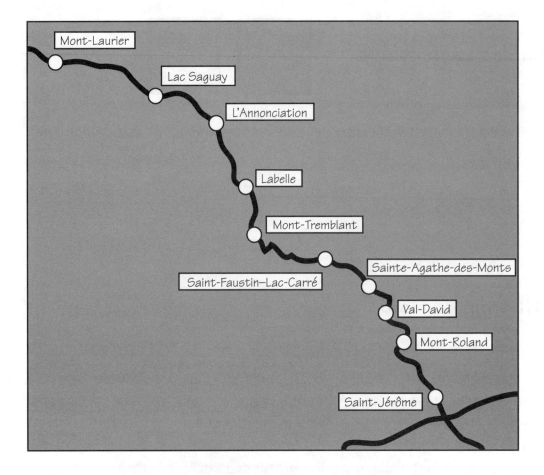

Les distances:	
Saint-Jérôme	début
Mont-Roland	25 km
Val-David	42 km
Sainte-Agathe-des-Monts	49 km
Saint-Faustin—Lac-Carré	74 km
Mont-Tremblant	91 km
Labelle	106 km
L'Annonciation	127 km
Lac Saguay	161 km
Mont-Laurier	200 km

7. Pourquoi appelle-t-on cette piste **Le P'tit train du Nord?**

_____

8. Quelle partie est la plus ennuyeuse? Réponds par une phrase complète.
La partie de Saint-Jérôme à Saint-Faustin–Lac-Carré.
La partie de Saint-Faustin–Lac-Carré à Mont-Laurier.

_____

9. Peut-on faire toute la piste en une seule journée?
Oui, on peut la faire. On ne peut pas la faire.

_____

Suite du projet: étape 4

As-tu complété ton circuit? (p. 65)
Indique des endroits intéressants à voir.
Trouve 5 sites importants sur ton circuit.
Ex.: église, école, parc, etc.

1er _____

2e _____

3e _____

4e _____

5e _____

Région de la ville de Québec

10. Trouve sur la carte le numéro de cette région. _____

L'Île d'Orléans est dans la région de la ville de Québec.

L'Île d'Orléans est très réputée pour ses fraises et ses pommes. Elle est réputée aussi pour le vélo.

Ta randonnée te permettra de découvrir de très beaux paysages. Au printemps, l'odeur des pommiers en fleurs t'enivrera. L'été, la tranquillité des lieux te conquerra. L'automne, les couleurs te séduiront.

Voici la carte de l'île

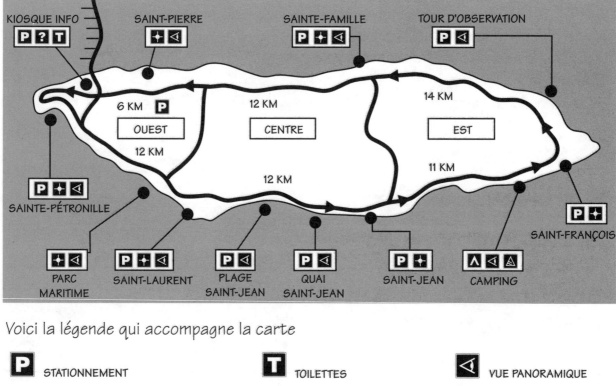

Voici la légende qui accompagne la carte

P STATIONNEMENT   **T** TOILETTES   ◁ VUE PANORAMIQUE

✦ LIEUX HISTORIQUES   **?** INFO TOURISTIQUE   ⋀ CAMPING

Sur la carte, on retrouve plusieurs symboles. La légende explique ce que veulent dire les symboles.

11. Que veulent dire les symboles suivants?
Associe chaque symbole à ce qu'il représente.

Camping

Lieux historiques, information

Toilettes

Information touristique

Stationnement

Pour répondre aux questions suivantes, regarde la légende qui accompagne la carte.

12. Nomme trois endroits où l'on peut visiter des sites historiques.

_____

_____

_____

13. Nomme un endroit où l'on a accès au fleuve.

_____

14. Près de quel village se trouve le camping?

_____

15. Près de quel village se trouve l'information touristique?

_____

Suite du projet: étape 5
(p. 44-54-65)

Ajoute une légende à ton circuit. Inspire-toi de celle de l'île d'Orléans. Inscris les endroits intéressants à voir et aussi les endroits utiles.
Trouve un symbole pour chaque endroit.

Brouillon

LÉGENDE

Projet: étape finale

Refais au propre ton circuit et sa légende.
N'oublie pas de placer les symboles sur ta carte.

Nom du circuit:_____

PLAN DU CIRCUIT

LÉGENDE DU CIRCUIT

✱ Dans **Internet**, recherche les mots clés suivants: **vélo, vélo Québec, randonnées à vélo**. Tu trouveras une foule de sites intéressants.

✱ **Achète un journal**, découpe les articles qui se rapportent au vélo et colle-les dans ton cahier. Si tu n'en trouves pas, choisis un autre sport qui t'intéresse.

✱ Écris 1 ou 2 mots pour résumer chaque article.

✱ **Trouve des mots** sur le cyclisme qui ne sont pas dans ton vocabulaire. Écris-les dans ton cahier.

✱ **Replace en ordre alphabétique** les ensembles de mots suivants:
a) préférer	promener	prudent	pratique	priver
b) courir	cordon	compagnon	collet	costume
c) bateau	banal	balade	basse	barre

✱ **Cherche dans l'annuaire** ou dans le bottin de ton quartier le marchand de vélo le plus près de chez toi. Écris son nom et son adresse dans ton cahier.

Chapitre 3

La science

Dans ce chapitre, nous allons explorer le domaine de la récupération et des produits dangereux.

Une place de plus en plus grande est faite à la récupération.
Mais peut-on tout récupérer?

C'est ce que nous allons découvrir tout au long de ce chapitre.

 **Le projet**

Il existe plusieurs sortes de produits dangereux.

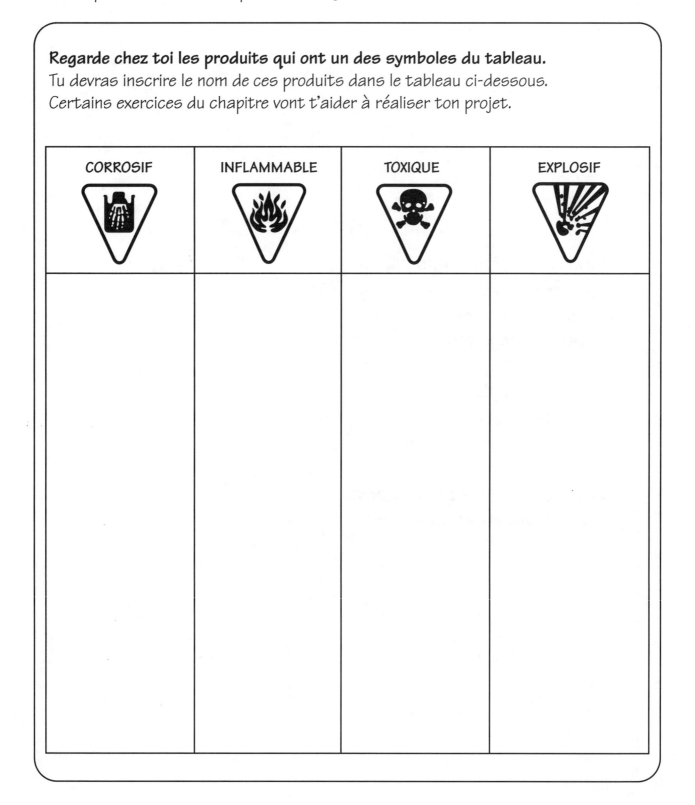

Regarde chez toi les produits qui ont un des symboles du tableau.
Tu devras inscrire le nom de ces produits dans le tableau ci-dessous.
Certains exercices du chapitre vont t'aider à réaliser ton projet.

CORROSIF	INFLAMMABLE	TOXIQUE	EXPLOSIF

Le vocabulaire de la récupération et des produits dangereux

Ajoute d'autres mots sur la science qui ne sont pas dans la liste.

NOMS	VERBES	ADJECTIFS QUALIFICATIFS
Chercheur	Analyser	Chimique
Déchet	Brûler	Dangereux
Environnement	Chercher	Électrique
Étude	Comparer	Explosif
Expérience	Expérimenter	Inflammable
Hypothèse	Fabriquer	Recyclable
Laboratoire	Récupérer	Toxique
Métal	Respecter	
Papier		
Plastique		
Produit		
Recherche		
Récupération		
Résidu		
Science		
Verre		

Certains produits ne peuvent pas être mis directement dans le bac vert.
Ces produits sont souvent très dangereux pour l'environnement.

On peut lire des avertissements sur le contenant d'un produit dangereux.

Observe les informations sur ce contenant.

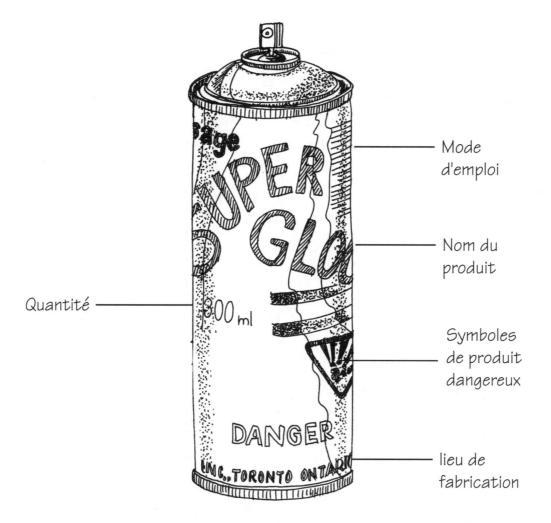

Mode
d'emploi

Nom du
produit

Symboles
de produit
dangereux

Quantité

lieu de
fabrication

1.   **Selon toi, peut-on mettre ce contenant dans un bac vert de récupération?
     Réponds par une phrase complète.**

     Oui, on peut mettre ce contenant dans un bac vert.

     Non, on ne peut pas mettre ce contenant dans un bac vert.

Fais des hypothèses.

2. Peut-on mettre les objets suivants dans un bac vert de récupération?
Réponds par une phrase complète: *Oui, on peut le mettre.*

   Non, on ne peut pas le mettre.

a) _____

_____

b) _____

_____

c) _____

_____

d) _____

_____

Les matières recyclables

Fais des hypothèses.

Dans ton bac vert, tu dois classer les produits sous quatre catégories:

métaux–aluminium	plastique	papier–carton	verre

1. Indique la catégorie de chacun des groupes de produits ci-dessous.

a) **catégorie:** _____   b) **catégorie:** _____

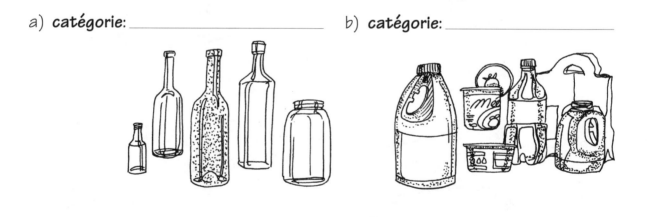

c) **catégorie:** _____   d) **catégorie:** _____

Examine bien les tableaux suivants. Ce sont les listes de toutes les matières que l'on peut récupérer et… de celles qu'on ne peut pas récupérer.

Ces produits sont classés par catégories.

Ce qui est recyclable ♻ Et… ce qui est exclu

Papier-carton

Recyclables ♻	Exclus 🚯
• journaux • circulaires • annuaires • livres • papier à lettres • enveloppes • revues et magazines • sacs de papier • cartons d'emballage • carton plat et ondulé • boîtes de carton • boîtes de céréales • boîtes d'aliments surgelés • tubes et rouleaux de carton • cartons à oeufs • cartons de lait, de crème et de jus	• cellophane • couches • papiers et cartons souillés • autocollants • photographies • papier peint • papier et carton composés (cartable, enveloppes matelassées, etc.) • papier hygiénique • papier métallique d'emballage

Plastique

Recyclables ♻	Exclus 🚯
• contenants de plastique clair et de couleur (produits alimentaires frais et surgelés, d'entretien ménager) • bouteilles de plastique claire et couleur (boissons gazeuses et eau de source, savon à vaisselle, shampoing) • couvercles et bouchons de plastique • sacs à pain, à brioches, etc. • poches de lait rincées • sacs de nettoyage à sec • sacs d'épicerie et de magasinage • sacs de produits alimentaires (fruits et légumes surgelés, etc.) • sacs de sur-emballage (lait, couches, croustilles, etc.)	• pellicules plastiques souillées • contenants d'huile à moteur et de solvant • boyaux d'arrosage • jouets et outils de plastique* • bâche (toiles de piscine, d'auto, etc.) • produits de caoutchouc • produits de polystyrène (verres, assiettes, ustensiles jetables, etc.) • tubes et pompes dentifrice • emballage de viandes et de fromage • sacs de céréales, de craquelins, etc. • sacs de croustilles et autres friandises • sur-emballage de cellophane • toutes pellicules extensibles

Verre

Recyclables ♻	Exclus 🚯

• bouteilles (toutes formes et couleurs)
• pots (toutes formes et couleurs)
	• ampoules électriques
	• tubes fluorescents*
	• porcelaine et céramique
	• terre cuite et faïence
	• fibre de verre
	• vaisselle, pyrex, cristal
	  (cassé ou intact*)
	• verre à boire (cassé ou intact*)
	• verre plat (vitre) et miroirs*
	  (cassés ou intacts*)
	• évier et cuves de toilette*

Métaux-aluminium

Recyclables ♻	Exclus 🚯

• boîtes de conserve
• canettes d'aluminium
• assiettes et papier d'aluminium
  non souillés
• couvercles de métal
• cintres
	• contenants de peinture, d'huile et
	  de solvants*
	• bombes aérosol*
	• bouteilles de gaz propane*
	• piles*
	• ferraille*
	• feuilles de métal*
	• fils électriques*
	• clous et vis*
	• tuyaux*
	• outils de bricolage et de jardinage*
	• casseroles, chaudrons*
	• moules à gâteaux*
	• chandeliers*
	• petits appareils électroménagers*
	  (grille-pain, bouilloire, etc.)
	• appareils électroniques* (téléviseurs,
	  système de son, ordinateurs, etc.)
	• pièces d'automobile ou de bicyclette*
	• jouets* (patins à glace et à roues
	  alignées, train miniature, etc.)
	• stores horizontaux et verticaux*
	• ustensiles de métal et de bois*
	• lampe et réveil-matin*

* Identifie les matières acceptées aux Éco-centres

Trouve des informations.

Maintenant cherche dans les listes de la page précédente les produits ci-dessous.

2. Écris à côté de chaque produit sa catégorie. Indique aussi si on peut le récupérer ou non.

Produit	Catégorie	Recyclable ou exclu
Ex.: Boyaux d'arrosage	Plastique	Exclu
Cartons à oeufs		
Pots de verre		
Cintres		
Réveil-matin		
Téléviseurs		
Bouteilles de jus		
Livres		
Cartons de lait		
Ampoules électriques		

DES NOTIONS ET DES JEUX

LES SONS

OU-OUR   EU-EUR   ŒU-ŒUR

Encercle tous les mots qui contiennent un de ces sons.

Document

Bonjour Blaise,

Je suis prête pour les grandes vacances. J'ai acheté des vêtements chauds pour nos excursions et nos soirées autour du feu. Pour coucher sous la tente, il faut être bien équipé. J'ai mis mon polar dans mon sac à dos.

Tu sais comment le respect de l'environnement me tient à cœur. Ma sœur m'a expliqué que mon chandail en polar est fait de produits recyclables. Qui aurait dit qu'un jour on aurait fabriqué des vêtements avec des bouteilles! Il faut 25 bouteilles de plastique recyclées de 2 litres pour fabriquer un chandail épais en polar. C'est peu!

J'ai bien peur que tu ne sois pas aussi prêt que moi. Je t'attends au terminus. Sois à l'heure.

Julie

---

1. **Place tous les mots que tu as encerclés dans le tableau suivant.**

OU	OUR	EU	EUR	ŒU	ŒUR

2. Complète le texte ci-dessous avec les mots dans l'encadré.

égouts	sous	dangereuses	pour	source	peut

Réduction des Déchets Dangereux ou RDD

Les matières_____ sont des matières qui représentent un

danger_____ notre environnement et pour notre santé. Elles doivent

être apportées dans une usine spécialisée pour y être traitées.

On ne_____ pas brûler ces déchets. Cela représente une

_____ importante de pollution. Mais il est important d'éliminer ces

produits dangereux de notre milieu de vie. Il existe une collecte de ces produits et des

centres de récupération.

Savais-tu qu'un citoyen moyen génère 4 kg de déchets dangereux par année?
Cela représente 1 % du poids de chaque sac vert.

Ces déchets sont trop souvent jetés aux_____. Ils se retrouvent alors

dans les eaux usées municipales. Ou encore, on les enfouit_____terre.

Ils contaminent alors les sols.

Ce n'est pas tout.

Les RDD sont également un danger lorsqu'ils sont mal entreposés dans les maisons.
L'**intoxication** a été une des causes premières de mortalité **infantile** en 1991. Près de 715 enfants se sont intoxiqués au parfum, à l'eau de Cologne et au shampooing. Soixante-dix se sont empoisonnés au **méthanol**. Ce produit se trouve dans le combustible à fondue et dans l'antigel du lave-glace.

As-tu bien compris tous les mots de ce texte?

3.   Réponds par VRAI ou FAUX.

a) Une **intoxication** est une sorte de parfum.

_____

b) La **mortalité infantile** se rapporte à la mort des enfants.

_____

c) Le **méthanol** peut se trouver dans le shampooing ou l'eau de Cologne.

_____

Activité 4

Le titre d'un texte exprime très souvent l'idée générale du texte.

Voici un exemple.

Titre: La récupération, ça nous regarde tous

> Tout le monde peut récupérer le papier à la maison.
> Pour récupérer le papier, il faut mettre tous les produits en papier dans un contenant. Ensuite, on dépose le contenant au bon endroit, au bon moment. Des entreprises recyclent ce papier.
> Ainsi on respecte l'environnement.

Maintenant à ton tour de trouver un titre.

Les textes suivants sont sans titre.

1er   Lis bien le texte.
2e   Pense à l'idée générale du texte.
3e   Écris un titre en lien avec cette idée.

1. **Titre:**

La fabrication d'une tonne de papier exige environ 20 arbres.

Si on récupère tous les jours nos journaux, revues, circulaires, on sauve chaque année des milliers d'arbres. On peut aussi économiser le papier en utilisant le verso des feuilles.

Les forêts sont une des richesses de notre pays.

Il faut les préserver.

2. **Titre:**

Les systèmes de chauffage au bois polluent l'air. La combustion du bois fait augmenter les concentrations de polluants.

Ces polluants irritent les voies respiratoires plus que les automobiles. De plus, certains de ces polluants sont cancérigènes.

Les chercheurs ont constaté que ces polluants apparaissent surtout le soir et les fins de semaine. C'est à ce moment que les gens allument leur foyer.

DES NOTIONS ET DES JEUX

Le temps du verbe

Les verbes expriment le temps de l'action: **passé, présent** ou **futur.**

Dans les parenthèses, écris si le verbe exprime le passé, le présent ou le futur. Pour le savoir, il faut lire la phrase au complet.

Bonjour Julie,

Je serai à l'heure au terminus (_____). Je suis prêt pour les vacances
(_____).

Je crois que tu as oublié quelque chose d'essentiel. Il faut se protéger des
moustiques. Pour éloigner les moustiques, on vend à la pharmacie des aérosols,
des crèmes et des lotions (_____). Mais ce sont des produits
chimiques. Ils ne sont pas naturels. Certaines huiles et résines de végétaux
éloignent les moustiques piqueurs. Ces produits sont naturels.
Ils sont moins dangereux. Ils sont fabriqués à partir d'aloès, d'eucalyptus, de
citronnelle ou de lavande.

J'apporterai de la citronnelle (_____). L'année dernière, tu as
apporté ton shampoing (_____). N'oublie pas que les
moustiques raffolent de son odeur. Même la sueur attire ces petites bêtes
voraces!
J'ai hâte de partir. À vendredi!
Blaise
P.-S. J'espère que ton polar est d'une couleur pâle. Mon prof de science a dit que
les couleurs foncées attirent les moustiques.

Activité 6

Les Résidus Domestiques Dangereux (RDD)

Fais des hypothèses.

1. Quelles sortes de produits dangereux peut-on retrouver dans les pièces de la maison?

ENDROIT	PRODUITS DANGEREUX
CUISINE	
SALLE DE BAIN	
SALLE DE LAVAGE	
SOUS-SOL OU PLACARD	
GARAGE OU REMISE	

Les résidus domestiques dangereux désignent les restes des produits dangereux de nos maisons. Les principaux résidus domestiques dangereux sont les huiles usées, les peintures et les solvants. Mais il existe d'autres produits domestiques dangereux. Les pesticides de jardin, les produits de nettoyage, les médicaments et les piles alcalines peuvent aussi causer des dommages à l'environnement. On peut recycler certains de ces produits. Les autres produits doivent être éliminés de façon sécuritaire.

Vérifie tes hypothèses.

2. Nomme la pièce de la maison où l'on peut retrouver les produits suivants.

ENDROIT	PRODUITS DANGEREUX
_____	Adoucissants Eau de javel Détergent Décapant
_____	Peinture Piles Vernis Solvants
_____	Ammoniaque Nettoyeur à four Poudre à récurer Cire à meubles
_____	Antigel Batterie d'automobile Engrais chimique Pesticides Huiles usées
_____	Médicaments Fixatifs Alcool à friction Vernis à ongles Colorant capillaire

Suite du projet

Tu as sans doute commencé à regarder chez toi les produits dangereux.

Vérifie si tu as les produits de l'activité précédente à la maison.

Dans ton cahier d'écriture, écris la liste de ces produits.

DES NOTIONS ET DES JEUX

La syllabe

Trouve l'intrus

Tous les mots dans les séries suivantes ont une même syllabe sauf un.

1. Trouve l'intrus.

    Ex.: coucher   couleur   découdre   coupable   (poubelle)

    L'intrus est «poubelle». Le mot ne contient pas la syllabe «COU».

    a) récupération   pédaler   pétrole   préférer   frappé

    b) environnement   content   comportement   vraiment

    c) laboratoire   radiographie   toilette   raconter   température

    d) recherche   chemin   cheminée   chemise   chercheur

2. Replace les syllabes dans le bon ordre pour former des mots.

    a) na. ser. a. ly _____

    b) ge. dan. reux _____

    c) cy. ble. re. cla _____

    d) ti. plas. que _____

    e) vi. ron. en. ment. ne _____

    f) mi. que. chi. _____

Caractéristiques des résidus domestiques dangereux

Selon Santé Canada, les produits dangereux présentent une des caractéristiques suivantes: toxique, inflammable, explosif ou corrosif.

Ces produits causent chaque année des milliers de cas d'intoxication, surtout chez les enfants. Les vapeurs, les éclaboussures et le contact avec la peau représentent un danger réel. Garder ces produits à la maison présente des risques d'incendie.

Ces produits causent aussi des dommages importants à notre environnement.

Regarde bien les symboles des produits dangereux. Ces symboles aident à comprendre pourquoi ces produits sont dangereux.

1. Complète les phrases avec les mots suivants.

Explosion   crâne   main   squelette   os   flammes

Sur ce symbole,

a) Je vois un_____.

b) Je vois des_____.

Sur ce symbole,

c) Je vois une_____.

d) C'est le_____ de la main.

Sur ce symbole,

e) Je vois des_____.

Sur ce symbole,

f) Je vois une_____.

2. Complète maintenant les phrases avec un des verbes suivants.

exploser   flamber   brûler   empoisonner

a) Un produit inflammable peut_____ facilement.

b) Un produit toxique peut nous_____.

c) Un produit corrosif peut_____ la peau.

d) Un produit explosif peut_____.

Suite du projet

Maintenant, tu comprends ce que représentent ces symboles.

Retranscris les produits dangereux que tu as notés dans ton cahier d'écriture personnel à la p. 78.

DES NOTIONS ET DES JEUX

Les noms propres et les noms communs

Lis bien les étiquettes suivantes.

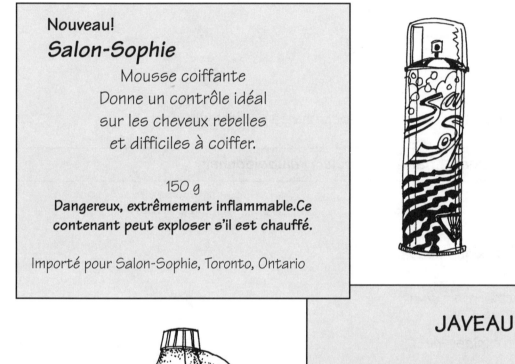

Nouveau!
Salon-Sophie
Mousse coiffante
Donne un contrôle idéal
sur les cheveux rebelles
et difficiles à coiffer.

150 g
Dangereux, extrêmement inflammable.Ce contenant peut exploser s'il est chauffé.

Importé pour Salon-Sophie, Toronto, Ontario

JAVEAU

Voici un dissolvant pour la moisissure
Format économique

950 ml
Attention! Corrosif
Produit un gaz dangereux lorsqu'il est mélangé à un autre produit.

La compagnie Chlora, Victoriaville, Québec

1. Souligne les noms sur les étiquettes et classe-les dans le tableau ci-dessous.

NOMS PROPRES	NOMS COMMUNS

Récupération des RDD (résidus domestiques dangereux)

Mais comment se débarrasser des résidus domestiques dangereux? Les municipalités ont mis sur pied différentes façons de récupérer les RDD. Il y a des journées de collecte ou encore des endroits pour déposer ces résidus. Le gouvernement a établi un plan d'action pour récupérer les RDD. D'ici 2008, les commerçants qui vendent des produits dangereux devront récupérer les RDD. On pourra donc retourner au magasin les restes de peinture, les vieilles batteries, les médicaments, etc.

À partir du texte ci-dessus, voici trois phrases que l'on pourrait écrire.

QUOI?

On pourra se débarrasser des résidus de produits dangereux.

OÙ?

Les commerçants devront reprendre les résidus de produits dangereux.

QUAND?

À partir de 2008, on pourra retourner ces résidus au magasin.

Maintenant à ton tour d'écrire 3 phrases.

Tu as reçu dans ta boîte aux lettres ce dépliant:

ATTENTION! ATTENTION! ATTENTION!

L'écocivisme, ça nous regarde tous!

Lundi, le 23 avril, nous ferons la collecte
de vos produits dangereux.
Vous pouvez apporter vos produits
dangereux à l'aréna.
Nous serons présents de 8h à 20h.

Cette collecte est organisée par votre municipalité.

Écris à Félix pour lui parler de la collecte des produits dangereux.

Écris 3 phrases pour lui expliquer **QUOI** **OÙ** et **QUAND**.

Brouillon

QUOI?

_____

OÙ?

_____

QUAND?

_____

➤ Une phrase commence par une MAJUSCULE et se termine par un POINT.

➤ Relis chaque phrase à voix haute.

Est-ce que tes phrases sont bien formées?

➤ Vérifie les accords:

- accord des verbes;
- accord des déterminants et des noms.

➤ Vérifie si tous les mots sont bien orthographiés.

Sers-toi de ton vocabulaire.

➤ Retranscris tes phrases corrigées dans ton cahier d'écriture.

DES NOTIONS ET DES JEUX

Les sons QU CH et GN

Devinettes

1. Les réponses aux devinettes suivantes commencent toutes par «CH».

   a) Je suis un animal qui miaule. _____

   b) On me porte sous le veston. _____

   c) Il faut me signer pour m'encaisser. _____

   d) Je suis le contraire de froid. _____

2. Les réponses aux devinettes suivantes finissent toutes par «QUE».

   a) Je suis poison. _____

   b) Je suis un matériau qui sert à faire des jouets, des bouteilles, etc.

   _____

   c) Je ne suis pas naturel. _____

   d) J'y vais parfois pour consulter un médecin. _____

3. Toutes les réponses aux devinettes suivantes finissent par «**GNE**».

a) Je sers à coiffer les cheveux. _____

b) On me boit pour fêter un événement. _____

c) Je ne suis pas en ville. _____

d) Je suis délicieuse avec une sauce aux tomates et du fromage.

_____

Le sac à syllabes

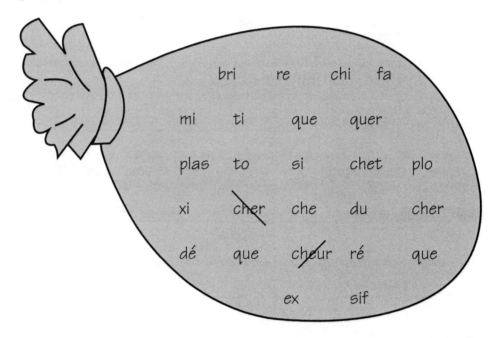

4. Forme le plus de mots possible avec les syllabes suivantes.
Tous les mots sont dans ton vocabulaire.
Fais une barre sur chaque syllabe que tu prends.
Ex.: chercheur

_____   _____

_____   _____

_____   _____

_____   _____

Activité 12

Retour sur le projet

Qu'as-tu trouvé dans tes recherches?
Écris 4 phrases pour décrire ce que tu as trouvé.

1ᵉʳ Précise 4 endroits chez toi où tu as trouvé des produits dangereux.
Fais un X sur le plan.
Ex.: le garage

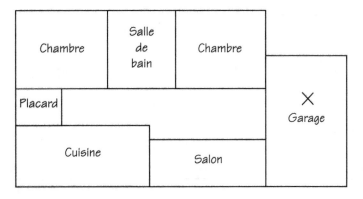

2ᵉ Associe un produit dangereux par endroit.

Endroit	Produit dangereux
Ex.: garage	Pot de peinture

3. Écris une phrase pour chaque endroit.

Ex.: *Dans le garage, je garde des pots de peinture.*

Brouillon

1er Dans_____,

_____

2e Dans_____,

_____

3e Dans_____,

_____

4e Dans_____,

_____

➢ Relis chaque phrase à voix haute.
Est-elle bien formée?
➢ Une phrase commence par une MAJUSCULE et se termine
par un POINT.
➢ Vérifie les accords: • accord des verbes;
• accord des déterminants et des noms.
➢ Vérifie l'orthographe des mots.
Sers-toi de ton vocabulaire pour t'aider.
➢ Retranscris le texte corrigé dans ton cahier personnel.

D'AUTRES ACTIVITÉS

✱ Il existe plusieurs sites sur Internet qui traitent d'environnement.

- Ministère de l'Environnement du Québec
- Environnement Canada
- La voie verte

✱ Trouve dans un moteur de recherche d'autres sujets sur la science.
Écris ces sujets dans ton cahier.

✱ Achète un journal et découpe tous les articles qui traitent d'environnement.

- Inscris dans ton cahier les mots nouveaux sur l'environnement.
- Inscris les mots qui contiennent les sons:

OU/OUR
OEU/OEUR
EU/EUR
QU/CH/GN.

- L'environnement est un sujet vaste. Trouve d'autres thèmes que la récupération mais qui concernent l'environnement.

Chapitre 4

La santé

La santé, c'est précieux.
Mais comment rester en santé?

Blaise et Félix veulent se mettre en forme.
Avant, ils feront un portrait de leur forme physique.

Dans ce chapitre, toi aussi, tu auras l'occasion de faire le portrait de ta forme physique.

Activité 1

Es-tu en forme?

Selon toi, qu'est-ce qui est important pour une bonne forme physique?
Donne au moins 4 points importants.

_____   _____

_____   _____

_____   _____

Écris 4 phrases pour expliquer pourquoi ces points sont importants.

Brouillon

_____

_____

_____

_____

_____

_____

_____

_____

_____

➢ Relis tes phrases à voix haute. Sont-elles bien formées?
➢ Une phrase commence par une MAJUSCULE et se termine par un POINT.
➢ Vérifie tes accords.
➢ Retranscris le texte corrigé dans ton cahier personnel.

 projet

Dans ce chapitre sur la santé, ton projet sera d'établir ton profil santé.
Tu pourras compléter ton profil santé au fur et à mesure que tu avanceras dans le chapitre. **N'écris rien pour le moment.**
Tous les exercices du chapitre vont t'aider à réaliser ton projet.

MON PROFIL SANTÉ

1.   Âge: _____

2.   Poids: _____

3.   Tour de taille: _____

4.   Taille (grandeur): _____

5.   IMC: _____   commentaire: _____

6.   Pouls au repos: _____   commentaire: _____

7.   Tension artérielle: _____   élevée ☐

   normale ☐

8.   Q-AAF: _____   (nombre de réponses OUI)

9.   Nombre d'heures d'exercice par semaine: _____

Le vocabulaire de la santé

Ajoute d'autres mots du domaine de la santé qui ne sont pas dans cette liste.

Noms		Verbes	Adjectifs qualificatifs
Âge	Intestin	Bouger	Actif
Alimentation	Maladie	Consulter	Allergique
Allergie	Médecin	Courir	Bon
Ambulance	Poids	Diagnostiquer	Cardiaque
Cancer	Pouls	Dormir	Diabétique
Cardiologie	Poumon	Examiner	Élevé
Clinique	Prévention	Grossir	Équilibré
Coeur	Rein	Guérir	Faible
Corps	Rhume	Maigrir	Malade
Diététiste	Sang	Manger	Mince
Dentiste	Santé	Marcher	Moyen
Diabète	Sommeil	Nourrir	Nutritif
Estomac	Stéthoscope	Opérer	Obèse
Exercice	Tension	Prévenir	Préventif
Forme	Artérielle	Soigner	Prudent
Hôpital	Radiographie	Soulager	Rapide
Infarctus	Vaccin	Traiter	Sain
Infirmière	Vitamines		Végétarien

Activité 2 ──────────

L'âge

L'espérance de vie des Canadiens s'améliore . . .

Mais l'état de santé de la population varie d'une région à l'autre.

Aujourd'hui, un bébé qui vient au monde en Abitibi-Témiscamingue vivra jusqu'à 76 ans. Un bébé qui naît dans la région de Richmond, en Colombie-Britannique, atteindra 81 ans. L'espérance de vie d'un bébé né à Laval est de 79 ans.

Le rapport de l'Institut canadien d'information sur la santé est rempli d'informations de ce genre. Ce rapport démontre que la santé des Canadiens est différente selon les régions.

1. Est-ce que la santé de tous les Canadiens s'améliore également?
   Oui, elle s'améliore également.
   Non, elle ne s'améliore pas également.

   _____

   _____

   _____

Suite du projet
(p. 111)
Retourne à ta feuille projet et indique ton âge.

Fais des hypothèses.

2. Selon toi, pourquoi l'espérance de vie d'un bébé est-elle moins élevée dans certaines régions?

Tempête d'idées

Choisis 2 raisons et écris 2 phrases.

_____

_____

_____

_____

_____

Discute avec d'autres élèves. Ont-ils trouvé d'autres raisons?

Les chercheurs ont donné plusieurs raisons pour expliquer ces différences: le revenu, le niveau d'éducation, le soutien familial.

La santé coûte cher

Les chercheurs observent que les coûts de santé augmentent sans cesse. Durant les 25 dernières années, on a vu une augmentation des coûts de santé au Canada.

Aussi, on entend beaucoup parler de la privatisation des soins de santé au Canada. Mais qu'est-ce que c'est? Ce sont des services de santé qui ne sont pas payés par le gouvernement. Les chercheurs révèlent que 30 % des services de santé sont déjà privatisés.

3. Classe les services de santé du tableau ci-dessous:
(secteur privé, secteur public):

Soins dentaires	Chiropractie
Chirurgie cardiaque	Radiographie
Ambulance	Échographie
Chirurgie plastique	Examen de la vue
Physiothérapie	Visite chez un ou une gynécologue

Secteur privé Services payés par le client	Secteur public Services payés par le gouvernement

Discute de tes réponses avec d'autres élèves.

La carte ci-dessous représente les dépenses en santé pour chaque province et territoire.
Regarde bien la légende dans le coin gauche en bas.

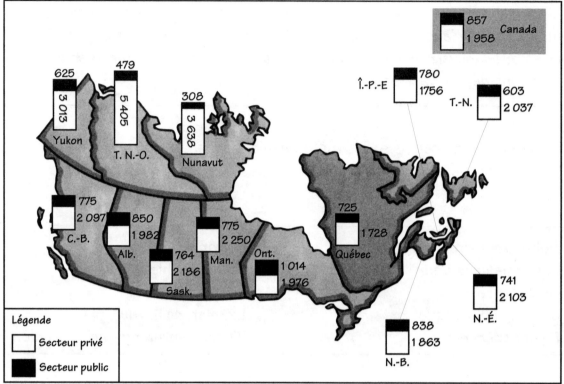

Source: Base de données sur les dépenses nationales de santé, ICIS

4. Où les services privés sont-ils les plus importants?

_____

5. Où les services publics sont-ils les plus importants?

_____

DES NOTIONS ET DES JEUX

Le vocabulaire: le sac à syllabes

Tu peux former beaucoup de mots du domaine de la santé à partir des syllabes dans le sac à syllabes.

Sac à syllabes

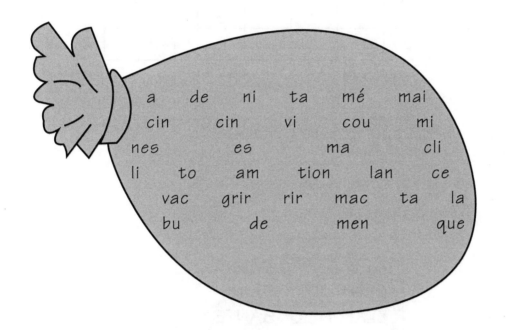

a	de	ni	ta	mé	mai
cin	cin	vi	cou	mi	
nes	es	ma		cli	
li	to	am	tion	lan	ce
vac	grir	rir	mac	ta	la
bu	de	men		que	

1. Écris les mots et fais une barre sur les syllabes au fur et à mesure.

_____   _____

_____   _____

_____   _____

_____   _____

_____   _____

Cherche les mots dans le vocabulaire.

Mot-mystère

R	D	N	I	C	C	A	V
H	E	I	E	E	T	E	I
U	E	N	T	N	D	T	T
M	I	N	I	A	E	G	A
E	A	E	L	M	S	T	M
S	R	A	N	I	A	S	I
E	M	F	O	I	E	X	N
D	E	N	T	I	S	T	E

Peux-tu trouver tous les mots ci-dessous dans la grille?
Assemble les lettres qui resteront et tu trouveras le mot-mystère.

ÂGE	RHUMES
DENTISTE	SAIN
EXAMINER	SANTÉ
FOIE	VACCINS
MALADE	VITAMINE
REIN	

2.   **Mot-mystère:**_____ spécialiste de l'alimentation.

Devinettes

Tu connais bien maintenant le vocabulaire de la santé.

3. **Peux tu compléter les expressions suivantes par un mot du vocabulaire de la santé?**

a) Vaut mieux prévenir que _____.

b) Blaise a une _____ de fer.

c) Félix a un _____ en or.

d) Le médecin est toujours le plus mal _____.

e) Un esprit sain dans un _____ sain.

f) Quand la _____ va tout va!

g) On a l'_____ de son coeur.

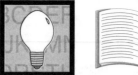

Le poids et le tour de taille

L'ÉTÉ ET LA MINCEUR

Avec la venue de l'été, qui ne veut pas perdre un peu de poids? Attention, les modèles dans les magazines ne doivent pas être pris comme modèles de poids santé.

Le tour de taille, c'est important.
La présence de graisses intra-abdominales est associée à des problèmes de santé. Ces problèmes sont l'hypertension artérielle, les maladies cardiovasculaires, le diabète. Donc, attention gros bedons!

Comment savoir si l'on est à risque? Il existe un truc simple pour le savoir: la mesure du tour de taille. Si tu es un homme ou une femme de moins de 40 ans, ton tour de taille ne doit pas dépasser 100 cm (39 pouces). Si tu es âgé ou agée de 40 ans et plus, cette mesure ne doit pas être supérieure à 90 cm (35 pouces). Un autre truc facile: fie-toi à la taille de tes «jeans».
Par exemple, une grandeur 33 correspond à 33 pouces de taille.

1.   Quelle est la taille de tes jeans? _____

2.   Quel est ton tour de taille? _____

3.   Es-tu à risque? Réponds par une phrase complète.
       Non, je ne suis pas à risque. Oui, je suis à risque.

       _____

* **Si tu n'as pas de ruban à mesurer, prends une corde. Fais le tour de ta taille avec la corde. Puis mesure avec une règle la partie de corde qu'il faut pour faire le tour de ta taille.**

Examinons les mots du texte.

4. Dans le premier paragraphe, il y a deux fois le mot «modèle».
    Mais il n'a pas le même sens dans les deux cas.
    Écris la bonne définition:
    «exemples à suivre» ou **«mannequins»**

    a) modèles dans les magazines:

    _____

    b) modèles de poids santé:

    _____

5. Où se trouvent les graisses intra-abdominales?

    _____

    Si tu hésites, relis le 2ᵉ paragraphe.

6. Associe chaque problème de santé à un mot dans le carré ci-dessous.

Sucre	tension	artérielle	cœur

    a) Hypertension: _____

    b) Maladies cardiovasculaires: _____

    c) Diabète: _____

Discute avec d'autres élèves de tes réponses.

Suite du projet
(p. 111)
Retourne à ton profil santé et réponds aux numéros 2 et 3.

DES NOTIONS ET DES JEUX

Les signes orthographiques

Comme il lui arrive souvent, Blaise oublie de mettre les signes orthographiques. Aide Félix à déchiffrer le texte.
Replace les signes suivants avec un crayon rouge.

accent grave
\

accent aigu
/

accent circonflexe
^

cédille
ç

apostrophe
,

Bonjour Blaise,

Comment ca va? Moi, j ai eu une vilaine grippe qui m a cloué au lit. Maintenant, ca va beaucoup mieux. Je me sens tres encourage par la lecture d un article du journal. Il parait qu on peut ajouter 25 ans a notre vie tres facilement. Il suffit de manger peu de calories. Des recherches sur des rats et des souris ont prouvé ce fait. Les animaux qui mangent peu vivent plus longtemps.

Lorsque nous consommons moins de calories, l organisme recoit moins d energie. Avec moins d energie, il y a moins de dechets et moins de sub-stances qui provoquent le vieillissement.
Maigrir est ce dont on a le plus besoin pour prolonger sa vie.
C est simple!

Je n oublie pas la randonnee que nous devons faire samedi. Au lieu de prolonger ma vie de 25 ans, je vais en ajouter 35!
A samedi,
Félix

Compare tes résultats.

	´	`	^	₃	₁
Nombre trouvé dans le texte					
Nombre réel dans le texte	8	4	0	3	8

Activité 6 ——————————————

La taille et l'Indice de Masse Corporelle (IMC)

Est-ce que ton poids est proportionnel à ta grandeur?

Faisons un test.

Il est important de bien comprendre ce qui suit. Un résultat loin de la moyenne ne veut pas nécessairement dire qu'il y a un problème. Un résultat faible peut indiquer que tes os sont plus fragiles. Un résultat élevé peut vouloir dire que ton ossature est forte.

Ce test est une indication qui montre où tu te situes par rapport à la moyenne. Il faut savoir interpréter!

Voici comment trouver ton IMC (Indice de Masse Corporelle).

1er   Prends ton poids.

2e   Divise ton poids par ta taille au carré.

Compliqué? Pas de panique, nous allons tout reprendre étape par étape.

1.   Quelle est ta taille? Pas ton tour de taille!

Le plus simple est de se mesurer avec un ruban à mesurer ou une règle.

Attention! Il faut mesurer ta taille en mètre.

Réponse:_____ m

2.   Quel est ton poids?_____ kg

Attention! Il faut prendre ton poids en kilogrammes.

Formule de l'IMC

$$IMC = Poids \ (kg) \div Taille \ (m)^2$$

Prends ta calculatrice.

Ex.: Calcul de l'IMC de Julie

Julie pèse 60 Kg.

Elle mesure 1,64 m.

Sa taille (sa grandeur) est: 1,64 m

Sa taille au carré est: 1,64 x 1,64 = 2,69 m

Son poids divisé par sa taille au carré
est: 60 kg ÷ 2,69 m = 22

Son IMC est: 22

Calcul de mon IMC

Je pèse _____ Kg.

Je mesure _____ m.

Ma taille (ma grandeur) est: _____ m.

Ma taille au carré est: _____ x _____ = _____ m

Mon poids divisé par ma taille au carré

est = _____ kg ÷ _____ m = _____

Mon IMC est: _____

Maintenant il faut interpréter cette donnée. Voici le tableau des résultats. Cherche dans le tableau ton IMC selon ton âge et ton sexe.

Test de l'indice de masse corporelle (IMC)										
Âge (années)	15 à 19 ans		20 à 29 ans		30 à 39 ans		40 à 49 ans		50 à 59 ans	
Sexe	homme	femme	homme	femme	homme	femme	homme	femme	homme	femme
Faible	<20	<19	<21	<19	<22	<20	<23	<21	<24	<22
Bas	20-21	19-20	21-22	19-20	23-24	21-22	24-25	21-22	24-25	22-23
Moyen	21-22	20-22	23-24	21-22	24-26	22-23	25-27	23-25	25-27	24-26
Haut	22-23	22-23	25-26	22-23	26-28	24-25	27-28	25-27	27-28	26-28
Élevé	>24	>24	>27	>24	>28	>26	>29	>28	>29	>29

À gauche du tableau, on indique un commentaire sur ton IMC: de faible à élevé.

Suite de ton profil santé

(p. 111)

Retourne à ton projet et indique ton IMC et le commentaire à gauche du tableau.

Activité 7

DES **NOTIONS** ET DES **JEUX**

Les sons IN et UN

> **Le son «IN» peut s'écrire de différentes façons:**
> **IM AIN EIN YM IEN.**
> **Le son «UN» peut s'écrire: UN ou UM.**

1. Encercle tous les mots contenant les sons «IN» ou «UN» et fais le total. Compare tes résultats avec ceux inscrits au bas de la page.

Document

Bonjour Blaise,

J'ai bien hâte de partir à la campagne avec toi. Je prépare maintenant mon sac. J'apporte mon maillot de bain, ma crème solaire et mes lunettes de soleil. Ah oui! je n'oublie pas ma casquette. Je n'ai besoin de rien de plus. Tu sais, le soleil a des effets positifs sur la santé. Mais il ne faut pas en abuser. Vingt minutes au soleil trois fois par jour est suffisant. Trop de soleil est associé à un plus grand risque de cancer de la peau. On le soupçonne aussi d'affecter les yeux et le système immunitaire.

Entre 11 h et 16 h, même pour quelques instants, il vaut mieux ne pas s'exposer. On pourra se promener dans la forêt à côté du chalet. Il y a un petit chemin bordé de sapins et de pins immenses.

Ton humble copain,
Félix

Sons	IN	IEN	AIN	IM	UN	UM
Nombre trouvé dans le texte						
Nombre réel dans le texte	5	2	3	2	2	1

As-tu remarqué dans le texte que deux mots ont la syllabe «IM», mais qui ne se prononce pas «IN»?

2. Lesquels? _____   _____

Devinettes

3. Tous les mots que tu dois trouver contiennent le son «IN».
   Si tu ne peux pas les trouver, consulte le vocabulaire pour t'aider.

a) Je sers à t'immuniser contre une maladie.

_____

b) Tu me consultes lorsque tu as des problèmes de santé.

_____

c) Je suis la qualité de ce qui est en santé.

_____

d) Je suis le dernier passage de la nourriture dans le corps.

_____

e) Je suis un organe du corps humain qui filtre les déchets du sang.

_____

4. Forme des mots d'une seule syllabe contenant le son «in», mais écrit de différentes façons.

Ex.: *bain*

a) f _____   f) p _____

b) g _____   g) r _____

c) l _____   h) s _____

d) m _____   i) t _____

e) n _____   j) v _____

Activité 8

La fréquence cardiaque au repos (le pouls)

Pour connaître son pouls, on compte les battements du cœur.

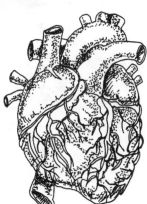

Fais des hypothèses.

1.   À quelle vitesse bat le cœur d'un coureur après 20 minutes d'exercice intense?

_____

2.   À quelle vitesse bat le cœur d'une personne en bonne santé au repos?

_____

Regarde sur une montre ou une horloge qui indique les secondes.
Cherche sur ton cou un endroit où tu peux sentir ton pouls.
Compte les battements durant 15 secondes.
Puis prends ta calculatrice et multiplie ce nombre par 4.
Ce nouveau nombre te donnera ton pouls pour une minute.

Attention! prends ton pouls au repos. Après un effort, le pouls est beaucoup plus rapide.

Maintenant regarde le tableau suivant. Trouve ton pouls dans les catégories Âge et Sexe.

Test de la fréquence cardiaque au repos								
Âge	17 à 26 ans		27 à 39 ans		40 à 49 ans		50 et plus	
Sexe	homme	femme	homme	femme	homme	femme	homme	femme
Très bon	50 et -	55 et +	52 et -	57 et -	55 et -	60 et -	60 et -	65 et -
Bon	51-60	56-65	51-63	56-67	56-65	61-70	61-70	66-75
Moyen	61-70	66-75	64-72	66-77	66-75	71-80	71-80	76-85
Faible	71-80	76-85	73-82	76-87	76-85	81-90	81-90	86-95
Très faible	81 et +	86 et +	83 et +	88 et +	86 et +	91 et +	91 et +	96 et +

Quel est le commentaire à gauche sur le tableau?

Écris une phrase pour expliquer tes résultats.

_____

_____

_____

_____

Suite de ton profil santé
(p. 111)
Retourne à ton projet et indique ton pouls au repos, ainsi que le commentaire.

DES NOTIONS ET DES JEUX

Le sujet du verbe

Les verbes du texte suivant n'ont pas de sujet.
Pas facile à lire pour Julie!
Fais des hypothèses et aide Julie à reconstituer le texte.

Voici les sujets.

randonnée	J'	Je	Je	il	durée
confort	habitudes		inactivité		experts

Document

Bonjour Julie,

_____ t'invite à faire une randonnée en montagne dans la région de Charlevoix samedi prochain.

Pour demeurer en santé, _____ faut être actif. Le _____ de la vie moderne a tendance à nous rendre inactifs. Cela nuit à notre santé.

Plusieurs _____ contribuent à l'inactivité:

❑ passer des heures devant la télé ou l'ordinateur;

❑ prendre la voiture pour se rendre au magasin;

❑ utiliser l'ascenseur plutôt que l'escalier.

L'_____ physique est aussi néfaste pour la santé que la consommation de tabac!

Les _____ affirment qu'il faut 60 minutes d'activité légère par jour pour demeurer en forme.

Mais nous pouvons réduire nos activités à 30 minutes, quatre fois par semaine. En effet, la_____ de l'exercice peut varier selon l'effort qu'il demande.

Une bonne _____ en plein air nous fera sûrement du bien.

_____espère que _____ t'ai convaincue de venir avec nous!

À samedi,

Félix

Activité 10 ————————————————

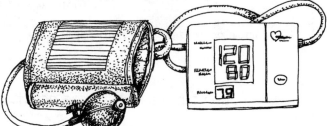

La tension artérielle

Depuis combien de temps as-tu fait prendre ta tension artérielle?

La plupart des pharmacies offrent ce service.
Près du comptoir des ordonnances, tu trouveras un appareil pour prendre toi-même ta tension. On t'indiquera du même coup ton pouls.
Lis bien les instructions.

Une tension artérielle normale varie d'une personne à l'autre. Mais la tension idéale est de 120/80.

On fait de l'hypertension lorsque la tension artérielle est trop élevée.
L'hypertension se divise en 3 catégories:

- ❑ Catégorie 1: elle varie de 140/90 à 159/99.
- ❑ Catégorie 2: elle varie de 160/100 à 179/109.
- ❑ Catégorie 3: elle varie de 180/110 ou plus.

Suite de ton profil santé
(p. 111)
Retourne à ton projet et indique ta tension artérielle que tu auras prise à la pharmacie. Précise si elle est élevée ou normale.

DES NOTIONS ET DES JEUX

Les noms propres et les noms communs

Trouve l'intrus

1. Dans les séries de noms communs suivants, un intrus s'est dissimulé. Encercle l'intrus.

   a) hôpital   Saint-Luc   urgence   médecin   infirmière

   b) tension   pouls   poids   Celsius   degré

   c) ville   région   province   pays   Gaspé

   d) Blaise   vélo   frein   guidon   pneu

   e) tornade   orage   maladie   diabète   Maisonneuve

2. Classe dans le tableau les noms ci-dessus selon leur catégorie.

NOMS PROPRES	NOMS COMMUNS

Test Q-AAP

Ton profil santé est presque complété. Tu as maintenant une bonne idée de ce que tu dois améliorer.
Un bon régime alimentaire et de l'exercice physique sont essentiels pour une bonne mise en forme.

Avant de commencer des activités physiques, complète le questionnaire suivant. Le test Q-AAP est un **q**uestionnaire qui te renseignera sur ton **a**ptitude à l'**a**ctivité **p**hysique. Certaines personnes ne peuvent pas faire d'activités physiques. Ce test te renseignera sur ce sujet.

Questionnaire d'Aptitude à l'Activité Physique (Q-AAP)

Réponds consciencieusement à ces quelques questions.
Pour répondre, écris une phrase complète en commençant par OUI ou NON.

1.   Ton médecin t'a-t-il déjà dit que tu as un trouble cardiaque?
      Ex.: Oui, il m'a dit que j'ai un trouble cardiaque.
      Non, je n'ai pas de trouble cardiaque.

_____

2.   Ressens-tu fréquemment des douleurs à la poitrine ou au cœur?

_____

3.   Ressens-tu des étourdissements ou des faiblesses?

_____

4. Ton médecin t'a-t-il déjà dit que ta tension artérielle était trop élevée?

_____

5. Ton médecin t'a-t-il déjà mentionné que tu avais des problèmes avec tes os ou tes articulations? Par exemple, fais-tu de l'arthrite?

_____

6. Existe-t-il une bonne raison d'ordre physique qui t'empêcherait de poursuivre un programme d'exercices physiques?

_____

7. Es-tu âgé de plus de 65 ans? Si oui, es-tu peu habitué ou habituée aux exercices vigoureux?

_____

As-tu répondu **OUI** à une ou plusieurs questions?
Si oui, avant d'augmenter tes activités, tu dois consulter ton médecin.
Il faut lui montrer ton questionnaire Q-AAP.

As-tu répondu **NON** à toutes les questions?
Alors, tu peux entreprendre un programme de mise en forme.

Suite de ton profil santé
(p. 111)
Retourne à ton profil santé. Indique le nombre de questions auxquelles tu as répondu OUI.

Activité 13

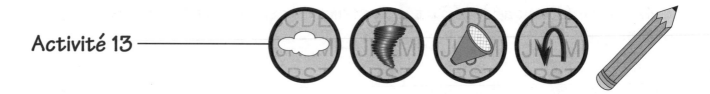

Est-ce que tu fais de l'exercice?

A.   Oui. Alors, explique lequel.

B.   Non. Alors, explique comment tu fais pour garder la forme.

Tempête d'idées

Si tu fais de l'exercice, écris tous les mots qui concernent cet exercice.
Si tu ne fais pas d'exercice, écris tout ce que tu fais pour garder la forme.

Écris cinq phrases sur le sujet que tu as choisi (A ou B).
Inspire-toi des mots dans le nuage de la tempête d'idées.

Brouillon

1ʳᵉ phrase _____

_____

_____

2ᵉ phrase _____

_____

_____

3ᵉ phrase _____

_____

_____

4ᵉ phrase _____

_____

_____

5ᵉ phrase _____

_____

_____

➢ **Attention, une phrase commence par une MAJUSCULE et se termine par un POINT.**

➢ **Relis tes phrases à voix haute. Sont-elles bien formées?**

➢ **Vérifie les accords:** • accord des verbes avec leur sujet;

  • accord des déterminants et des noms.

➢ **Retranscris ton texte corrigé dans ton cahier personnel.**

✱ Dans Internet, tu trouveras plusieurs sites très intéressants qui traitent de la santé.

Cherche dans un moteur de recherche:

- Doc911
- Santé Canada
- Santé-Net Québec
- Ordre professionnel des diététistes du Québec
- Diététistes du Canada
- Participaction

✱ Achète un journal et découpe tous les articles qui traitent de santé.

- Écris dans ton cahier des mots sur la santé qui ne sont pas dans ton vocabulaire.

- Forme des phrases avec les verbes suivants et fais les accords nécessaires.

Examiner	marcher	soigner	consulter	manger

Chapitre 5

Tout le monde aime regarder la
télévision, aller au cinéma, écouter
de la musique.

Toi aussi, tu as sûrement des
émissions préférées. Tu loues
peut-être des cassettes vidéo.
Tu écoutes certainement de la
musique à la radio.

Dans ce chapitre, nous verrons ces
trois façons de se divertir.

Le projet

La fiche-cinéma

Pour ton projet, tu devras présenter un film de ton choix. Tu peux regarder ce film à la télé, louer la cassette dans un club vidéo ou le voir au cinéma.

Pour présenter ton film, tu devras compléter la fiche ci-dessous.
Attention, tu pourras compléter cette fiche à partir de la p. 161.
Certains exercices vont t'aider à réaliser ton projet.
En attendant, tu peux visionner le film de ton choix.

Fiche-cinéma

Partie 1

➤ Titre du film:_____

➤ Année du film:_____

➤ Durée du film:_____

➤ Réalisateur:_____

➤ Actrices et acteurs principaux:_____

_____

➤ Genre d'histoire:_____

Partie 2

➤ Petit résumé du film (4 phrases):_____

_____

_____

_____

_____

_____

_____

_____

Partie 3

➤ Appréciation: _____

(Donne une cote à ce film)

➤ Écris si tu recommandes ce film ou si tu ne le recommandes pas.

Je _____

Le vocabulaire des arts et de la culture

NOMS		VERBES	ADJECTIFS QUALIFICATIFS
Acteur	Magnétoscope	Chanter	Fantastique
Action	Musicien	Écouter	Romantique
Chanson	Musique	Écrire	Beau
Cinéma	Poème	Jouer	Intéressant
Comédie	Réalisateur	Regarder	Libre
Télécommande	Rime	Rimer	Drôle
Drame	Suspense		Amusant
Film	Télévision		
Horreur	Horaire		

Remets en ordre alphabétique les adjectifs qualificatifs du vocabulaire.

Adjectifs qualificatifs
Amusant
_____
_____
_____
_____
_____
_____

Activité 1

Voici le salon de Félix.

Complète le texte à l'aide des mots dans le carré.

télévision	télécommande	magnétoscope	haut-parleurs
disques compacts	cassettes vidéo	baladeur	

Aide-toi de l'illustration. Les lettres dans le texte correspondent aux lettres de l'illustration.

Félix regarde un film à la _____ (a). Il a mis une cassette dans le

_____ (b). Le son du film vient des _____ (c). Il

contrôle le son et l'image avec la _____ (d).

Blaise préfère écouter de la musique. Les _____ (e) sont au-

dessus de la télévision.

Julie a oublié son _____ (f) sur la table du salon. Elle reviendra le

chercher bientôt.

Activité 2

DES NOTIONS ET DES JEUX

S ou SS

Julie ne sait pas quand il faut mettre «S» ou «SS».

1.   Aide-la en écrivant «S» ou «SS» dans les espaces.

Document

Bonjour Blaise,

Ce soir je re____te à la mai____on. Je regarde la télévi____ion. Il y a une émi____ion spéciale sur Antoine de Saint-Exupéry. Il est l'auteur du *Petit Prince*.

On fera une visite à Québec. On nous pré____entera le vrai per____onnage qui a servi de modèle à l'auteur. Il est pré____entement profe____eur à l'Université Laval à Québec.

En____uite, j'écouterai une pui____ante série policière. L'in____pecteur Jobidon fait ses enquêtes avec une femme exceptionnelle. Les hi____toires se pa____ent à Montréal.

Au____i, je ne me coucherai pas sans avoir vu le magazine de Anne-Marie Chaudière. C'est un reportage en repri____e sur les Inuits.

Salut, à demain si po____ible!

Julie

G ou GU

Dans cette lettre, le pauvre Blaise ne faisait plus la différence entre
«G» et «GU».

2. Complète le texte en ajoutant «**G**» ou «**GU**».

Bonjour Julie,

Ce soir, moi aussi, je ne bou___e pas. Je reste à la maison. J'écoute un
documentaire sur les ventes de gara___e. Il semble que les vendeurs
___agnent beaucoup de sous. Mais les prix sont petits.

Ensuite, il y aura une émission sur le jardina___e. C'est plus facile à
re___arder qu'à pratiquer. Mais c'est si bon de man___er de bons
lé___umes!

Ton émission sur Saint-Exupéry m'intri___e beaucoup. Il a été pilote
d'avion durant la ___erre. On dit que son livre, *Le Petit Prince*, a été traduit
dans plusieurs lan___es.

À demain, peut-être!
Blaise

Devinettes

Blaise et Félix participent au quiz télévisé **Les Génies des mots**.

3. **Voici les questions que l'animateur leur a posées.**
   Toutes les réponses à ces devinettes contiennent les lettres «G» ou «GU».

   a) Je fais apparaître un lapin dans mon chapeau, mais je ne le mange pas.

   _____

   b) J'ai six cordes, mais je n'ai pas d'archet. _____

   c) Au printemps, on me fait de la cave au grenier .

   _____

   d) On se sert de moi pour retirer de l'argent, mais parfois on m'en donne.

   _____

   e) On me mâche, mais on ne m'avale pas. _____

   f) Je pique, mais je ne fais pas de miel. _____

   g) Je sers à mesurer l'espace, pas le temps. _____

   h) Je suis une grande bouche, mais pas celle de l'humain.

   _____

Activité 3

L'horaire télé

1. Qu'est-ce qu'une grille horaire de télé?

   a) L'heure d'ouverture des canaux
   b) Un tableau des émissions
   c) Une émission de grillade pour l'été

Maintenant, regardons la grille horaire du lundi soir.

	CHAÎNES	18h00	18h30	19h00	19h30	20h00	20h30	21h00	21h30	22h00	22h30	23h00	23h30
RC	**2 9 13**	Ce soir		Tam Tam	Un gars, une fille	Hockey / Finale de la coupe Stanley / Équipes à confirmer					Le Téléjournal / Le Point		Sport
TVA	**4 7 8 10**	Le TVA	Piment fort M.Leboeuf	Prenez le volant	Bec et Museau	Place Melrose		Salle d'urgence		Le TVA	Les Reichmann (1/2)		Sports / Loteries (23-49)
TQ	**15 17 24 45**	Le Monde Merveilleux de Disney		La Route des arts	1045, rue des Parlementaires	Téléscience / Des oiseaux pour la mer		Cinéma / ÉCLATEMENT (2) avec John Travolta, Nancy Allen				Cinéma / L'OBSESSION (3) avec J.Nicholson (22:58)	
TQS	**16 30 35**	Le Grand Journal (17:00)	Flash	Partis pour l'été	Faut le voir pour le croire	Jardinons avec Albert	Maison de rêve / La cuisine	Xena la guerrière		Le Grand Journal	Flash	Sexe et confidences	
CTV	**12**	Pulse		A.Hollywood	Billy Graham:Something to Sing About		Ally McBeal		Third Watch		CTV News	Pulse/Sports
CTV	**8**	News		Wheel of...	Jeopardy	Popular							News
CBC	**CBC 6**	Newswatch		Nothing to Good for a Cowboy		Hockey / Finale de la coupe Stanley / Équipes à confirmer						The National	
	ABC 22	News	ABC News	Judge Judy	Frasier						News		Night (23:35)
	CBS 3	News		CBS News	E.T	King of Queens	Ladies Man	...Raymond	Becker	Family Law			Late (23:35)
	NBC 5	News	NBC News	Jeopardy	Wheel of...	Dateline NBC		Law & Order		Third Watch			Tonight (23:35)
PBS	**33**	Newshour		Night Bus.	Rural Delivery	Reck & Roll Graffiti				Doo Wop 50			
PBS	**57**	BBC News	Bus.Report	Newshour		Hearts of Glass				Roy Orbison & Friends: A Black and white Night			Charlie Rose
	A&E	L.A.Law		Law & Order		Biography/Morgan Fairchild		Investigative Reports		City Confidential		Law and Order	
	BRAV	Roy Patterson Quartet		Bravo! Videos	Arts & Minds	Foot Notes	Flux	Cinéma/IT'S ALWAYS FAIR WEATHER (3) avec Gene Kelly, Dan Dailey				NYPD Blue	
	CD	Contact Animal		L'Histoire des papes		Mer et Monde/ La Withbread		Biographies/ Sigmund Freud		La Grande Aventure du ski		Agents très spéciaux	
	CJNT	...DW-tv	South Asian	Rete italia	Téléroman italien		Questa Italia	Émission juive francophone		...de l'Inde	Irlande	Chinese Business Hour	

2. Quelle émission joue à Radio-Canada à 19 h 30?

_____

3. Si tu avais le choix, quelle émission regarderais-tu à 21 h?

_____

4. a) Trouve le titre d'un film dans la grille.

_____

b) À quelle heure joue ce film? _____

c) Sur quelle chaîne joue-t-il? _____

5. Quelle est ton émission préférée?

Tempête d'idées

	CHAÎNE	JOUR et HEURE	TITRE
1.			
2.			
3.			

6. Choisis une de tes trois émissions préférées.

Titre: _____

a) De quel genre d'émission s'agit-il?
   variété   télésérie   information   jeu   autre

_____

b) Sur quelle chaîne peut-on voir cette émission? _____

c) Quel est le personnage ou l'animateur principal?

_____

d) Où se passe l'émission? _____

Brouillon

Forme 4 phrases avec ces informations qui décrivent ton émission.

1re _____

_____

_____

2e _____

_____

_____

3e _____

_____

_____

4e _____

_____

_____

N'oublie pas...
➤ Une phrase commence par une MAJUSCULE et se termine par un POINT.
➤ Relis à voix haute chaque phrase. Est-ce qu'elles sont bien formées?
➤ Vérifie les accords: • l'accord des verbes;
                        • l'accord des déterminants, des noms et des
                          adjectifs.
➤ Vérifie l'orthographe des mots. Sers-toi du vocabulaire pour t'aider.
➤ Transcris ton texte corrigé dans ton cahier personnel.

DES NOTIONS ET DES JEUX

Phrases affirmatives ou phrases négatives

Apprends à exprimer ton opinion.

Ex.: Je n'aime pas les films d'horreur.

1. Forme des phrases affirmatives ou négatives avec les mots suivants.

    a) (affirmative)   regarde   téléromans

    _____

    b) (négative)   écoute   musique

    _____

    c) (affirmative)   vais   cinéma

    _____

    d) (négative)   ouvre   radio

    _____

    e) (négative)   regarde   nouvelles

    _____

    f) (négative)   aime   sport

    _____

Blaise dit souvent le contraire de Félix.

2. Forme des phrases négatives avec les phrases de Félix.

Félix dit...	Blaise dit...
Ex.: *Le violon rouge est un bon film.*	*Le violon rouge n'est pas un bon film.*
a) *Belle est une belle chanson.*	
b) *J'ai vu le spectacle de Daniel Bélanger.*	
c) *Je regarde le téléjournal tous les soirs.*	
d) *Julie loue des films au club vidéo.*	

À ton tour, écris toi-même 2 phrases négatives.
Utilise les verbes **aimer** et **regarder**.
Brouillon

1er _____

_____

2e _____

_____

N'oublie pas...

➤   Une phrase commence par une MAJUSCULE et se termine par un POINT.
    Relis à voix haute chaque phrase. Est-ce qu'elles sont bien formées?
➤   Vérifie les accords: • l'accord des verbes;
                            • l'accord des déterminants, des noms et des
                              adjectifs.
➤   Vérifie l'orthographe des mots. Sers-toi du vocabulaire pour t'aider.
➤   Retranscris tes phrases corrigées dans ton cahier d'écriture.

Activité 5

Lire un poème... c'est lire entre les lignes

Un poème, ce n'est pas toujours facile à comprendre.
Dans un poème, le poète s'amuse.
Il joue avec les mots.

1. Lis le poème une fois, silencieusement.

> Un cri de bête
> Des murs sans écho
> Aux poutres de paille
> Aux couleurs d'oubli
> Et je regarde sans les ouvrir
> Tes mains d'hier
> Celles d'aujourd'hui
>
> Étonnée de mal
> Inquiète de blé

(Extrait d'un poème de Louise Dulude-Bennett)

2. Lis une 2ᵉ fois le poème mais à haute voix.

À ton tour de laisser aller ton imagination.

3. Trouve des mots pour compléter le poème ci-dessous.

La musique de tes _____

me fait penser à _____

Le silence de tes _____

me fait oublier mes _____

Le résultat peut sembler un peu farfelu.
La poésie est souvent très étonnante.

Certains poèmes sont écrits avec des rimes.
Une rime est un même son qui revient à la fin d'une ligne.

Ex.:

> sourire rester puis se **taire**
> sourire enfin sans rien **dire**
>
> savoir surtout ce qu'il faut **faire**
> pour que les larmes soient le **rire**

(Extrait d'un poème de Serge Safran)

Dans ce poème, **«taire»** rime avec **«faire»**.
«Dire» rime avec **«rire»**.

4. Trouve un autre mot qui rime avec:

taire _____

dire _____

Les chansons sont aussi des poèmes.
Voici des chansons d'auteurs québécois que tu connais certainement.

Si fragile

(Une chanson de Luc De Larochellière)

> On ne choisit pas toujours la route
> Ni même le moment du départ
> On n'efface pas toujours le doute,
> La vieille peur d'être en retard
> Et la vie est si fragile...
>
> On ne choisit jamais de vieillir
> On voudrait rêver un peu plus
> La vie n'est pas faite pour mourir
> On meurt souvent bien entendu
> Car la vie est si fragile...

(Extrait de la chanson de Luc De Larochellière sur le disque Sauvez mon âme)

5.   Le titre de cette chanson parle:
     a) de voyage
     b) de la vie
     c) de l'amour

Les mots de cette chanson ne sont pas difficiles à comprendre.
Mais dans les chansons les mots sont souvent des images pour exprimer autre chose.

Ex.:   Le tourbillon de tes yeux.

       La lumière de ton regard.

6.   Dans cette chanson, **la route** est l'image de:
     a) la rue
     b) la vie
     c) la carrière

7.   **Le départ** est l'image de:
     a) la mort
     b) le début d'un voyage
     c) la fin d'un amour

8.   Dans cette chanson, quel mot rime avec:
     a) route _____
     b) vieillir _____
     c) départ _____
     d) plus _____

9. Trouve d'autres mots qui riment avec les mots de la chanson.

a) route _____

b) vieillir _____

c) départ _____

d) plus _____

Voyager

(Une chanson de Jean Leloup)

1- J'aimerais parfois m'arrêter
   Trouver un endroit où rester
3- Mais je n'aime que voyager
4- Et je ne fais que passer
5- Parfois j'ai envie de stopper
   Soit que je rencontre un ami
7- Ou que je me sente endormi
   Je stationne un peu par ici
   Car il faut des fois un accord
10- Entre la peur et le confort
   Entre la voile et puis le port
12- Entre la vie et puis la mort
   J'aime beaucoup trop le mouvement
   Et ne serait-ce qu'un instant
   Je n'ose jamais me surprendre
   Je n'arrive jamais à me rendre
   Et je ne fais jamais que passer

Relis chaque ligne et réponds aux questions suivantes.

10. Dans sa chanson, Jean Leloup dit:
    a) **Ligne 1**

    qu'il voudrait toujours s'arrêter

    ou

    qu'il voudrait s'arrêter quelques fois?

    _____

    b) **Ligne 3**

    qu'il aime voyager

    ou

    qu'il n'aime pas voyager?

    _____

11. Jean Leloup hésite entre:

Ligne 8

rester pour quelque temps

ou

rester tout le temps?

_____

12. Jean Leloup utilise beaucoup d'images pour dire qu'il veut **Rester** ou **Partir**. Indique dans chaque espace si le mot signifie **rester** ou **partir**.

a) **Ligne 10**
   entre la peur _____ et le confort _____.

b) **Ligne 11**
   entre la voile _____ et puis le port _____.

c) **Ligne 12**
   entre la vie _____ et puis la mort _____.

13. Trouve des mots qui riment avec les mots du poème ci-dessous.

a) rester _____

b) ici _____

c) accord _____

d) mouvement _____

e) rendre _____

À ton tour d'écrire une chanson

Luc De Larochellière a choisi de chanter **la fragilité de la vie**.
Jean Leloup a choisi de chanter **le voyage**.
Écris au moins 5 sujets qui pourraient faire une belle chanson.

Tempête d'idées

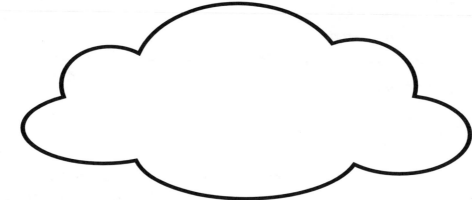

Choisis un sujet parmi ceux que tu as trouvés.

_____

Trouve 4 mots pour décrire ton sujet.

_____

_____

brouillon

Écris 4 lignes de chanson à partir des mots que tu as trouvés.

_____

_____

_____

_____

_____

➤ Relis chaque ligne à voix haute.
   Sont-elles bien formées?
➤ Trouve une rime pour les deux premières lignes.
   Trouve une rime pour les deux dernières lignes.
➤ Vérifie les accords: • l'accord des verbes;
                        • l'accord des déterminants, des noms et des
                          adjectifs.
➤ Vérifie l'orthographe des mots avec ton dictionnaire.
➤ Retranscris ta chanson corrigée dans ton cahier personnel.

DES **NOTIONS** ET DES **JEUX**

C ou Ç

1. Rassemble les syllabes pour former des mots.
   Tous les mots contiennent un «**C**» ou «**Ç**».

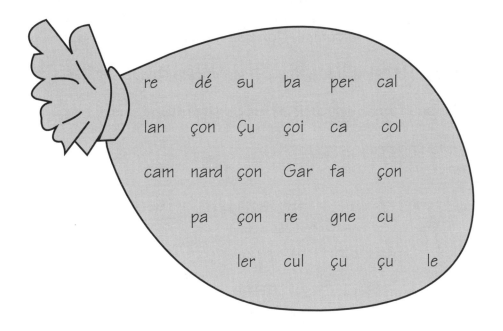

re	dé	su	ba	per	cal
lan	çon	Çu	çoi	ca	col
cam	nard	çon	Gar	fa	çon
	pa	çon	re	gne	cu
	ler	cul	çu	çu	le

_____   _____

_____   _____

_____   _____

_____   _____

_____   _____

_____   _____

2. Dans le texte ci-dessous, Félix a oublié de mettre les «cédilles» sous les «C». Peux-tu corriger le texte?

```
┌─────────────────────────────────────────────────────────────┐
│ □                          Document                      ▣ ▤ │
├─────────────────────────────────────────────────────────────┤
│                                                               │
│   Bonjour Blaise,                                             │
│                                                               │
│                                                               │
│   J'ai recu un magnifique cadeau de mes parents. Ils         │
│   n'oublient jamais leur                                      │
│                                                               │
│   grand garcon! Ils m'ont offert une compilation des         │
│   meilleures chansons de                                      │
│                                                               │
│   Félix Leclerc. Il était aimé des Francais, des Belges      │
│   et des Québécois. Ce                                        │
│                                                               │
│   coffret est une belle facon de se souvenir de lui. Je te   │
│   prêterai quelques                                          │
│                                                               │
│   cédéroms, tu ne seras pas décu.                            │
│                                                               │
│                                                               │
│   Félix                                                       │
│                                                               │
└─────────────────────────────────────────────────────────────┘
```

Activité 7

Le cinéma

Voici comment est décrit un film dans le guide télé de *La Presse*.

chaîne ———— CD **LES AVENTURES** ── **titre**
D'UNE JEUNE VEUVE   **genre**   **réalisateur**
pays ————
cote ———— (6) Can. 1974. Comédie de R. Fournier avec Dominique
acteurs ———— Michel, Guy Provost et Rose Ouellette. – La veuve
d'un marchand de fourrures est entraînée dans
résumé ———— diverses complications. (2 h) ———— **durée**

1. **La chaîne:** Quelle est la chaîne que tu regardes le plus?

   _____

2. **Le titre:** Quel est le titre de ton film préféré? _____

3. **La cote:**

TÉLÉ-CINÉMA
(1) chef-d'œuvre (2) remarquable (3) très bon (4) bon (5) moyen (6) pauvre (7) minable

   a) Quelle est la meilleure cote? _____

   b) Quelle est la pire cote? _____

4. **Le pays:** Devine quels pays les abréviations suivantes représentent.
   Ex.: Can. Canada

   a) É.-U. _____

   b) It. _____

   c) Fr. _____

   d) G.-B. _____

   e) Esp. _____

9h00 `VIE` OMISSION *8172971*
(5) (My Son is innocent), É.-U. 1996. Drame judiciaire de L. Elikann avec Marilu Henner, Nick Stahl et Matt McCoy. (2h)

9h05 ② ⑨ ⑬
L'ANNÉE JULIETTE *98172068*
(4) Fr. 1994.Comédie dramatique de P. Le Guay avec Fabrice Luchini, Valérie Stroh et Philippine Leroy Beaulieu.- Un anesthésiste prétexte une liaison avec une inconnue pour repousser sa maîtresse. (1h55)

10h00 `CD` LA PETITE AURORE L'ENFANT MARTYRE *5745364* (2h) voir minuit.

13h00 `HI` UN HOMME POUR L'ÉTERNITÉ
(2) G.-B. 1996. Drame historique de F. Zinnemann avec Paul Scofield, Leo McKern et Wendy Hiller.- Évocation de la vie et du martyre de Thomas More, chancelier d'Angleterre sous Henri VIII. (2h30)

`HIST` THE DEVIL'S BRIGADE
4373838
(4) É.-U. 1967.Drame de guerre d'A.V. McLaglen avec William Holden, Cliff Robertson et Vince Edwards.- En 1942, les exploits d'un lieutenant-colonel et de son unité de commandos. (3h)

14h00 `BRAV` MOB STORY *537744*
(5) Can. 1989. Comédie de J. et G. Markiw avec John Vernon, Deana Barrington.- Après avoir rejoint une ancienne maîtresse à Winnipeg, un gangster new-yorkais est pris en chasse par des rivaux. (2h)

`CD` LES VAUTOURS *7834109* (2h) Voir jeudi, minuit.

19h30 ② ⑨ ⑬ L'ASSOCIÉ
325819
(5) (The Associate), É.-U. 1996. Comédie de D. Petrie avec Whoopi Goldberg, Dianne Wiest et Eli Wallach.- Désavantagée par le fait qu'elle est une femme et qu'elle est noire, une courtière s'invente un associé de race blanche. (2h30)

20h00 `FC`
THE NEVERENDING STORY III
2440093
(5) All. 1994. Drame fantastique de P. Macdonald avec Jason James Richter, Melody Kay.- Un adolescent tente de récupérer un livre magique.(1h35)

21h00 ⑮ ⑰ ㉔ ㊺ O.K.
LALIBERTÉ *4667109*
(4) Can. 1973. Comédie dramatique de M. Carrière avec Jacques Godin, Luce Guibeault et Jean Lapointe.- Ayant perdu son emploi et quitté sa femme, un homme de 40 ans doit s'adapter à un changement de vie.

`BRAV` ON MOONLIGHT BAY *832136*
(5) É.-U. 1951. Comédie musicale de R. Del Ruth avec Doris day, Gordon MacRae.- L'idylle entre une adolescente et son jeune voisin connaît quelques contretemps. (2h)

`HI` NAPOLÉON II : L'AIGLON
(5) Fr. 1961. Drame biographique de C.Boissol avec Bernard Verley, Marianne Koch et Jean Marais.- La brève et morne existence du fils de Napoléon qui conserva toujours le culte de son père.(2h30)

`TFO` À DEMAIN, MARIO *7181646*
(4) Port. 1994. Comédie de moeurs de S. Nordlund avec Joao Silva, Paulo Cesar.- Une journée dans la vie d'une bande d'enfants vivant dans les rues de Madère. (2h)

21h35 `FC` THE COLOR OF FRIENDSHIP. *10752109*
É.-U. 2000. Drame social de K. Hooks avec Carl Lumbly, Penny Johnson et Shadia Simmons.- En 1977, une étudiante d'Afrique du Sud élevée dans une famille raciste participe à un échange d'étudiants avec une jeune Afro-américaine. (1h25)

22h00 ⑳ ㉝ YANKEE DOODLE DANDY *322242*
(3) É.-U. 1942. Drame de M. Curtiz avec James Cagney, Walter Huston et Joan Leslie. - La vie de George M. Cohan, vedette du music-hall au début du siècle. (2h30)

`SHOW` STONEWALL *9860180*
(5) É.-U. 1995. Drame de N. Finch avec Guillermo Deaz, Frederick Weller et Brendan Corbalis.- Un travesti raconte les tribulations amoureuses qu'il a vécues en 1969, Stonewall, un bar «guay» de N.Y. (2h04)

23h03 ⑮ ⑰ ㉔ ㊺ COCKTAIL MOLOTOV *8858890* (4) Fr. 1979. Comédie dramatique de D. Kurys avec Elise Caron, Philippe Lebas et François Cluzet. - Les mésaventures d'une adolescente qui, au printemps 1968, quitte la maison pour aller vivre dans une kibboutz en Israël. (1h40)

23h26 ④ ⑦ ⑧ ⑩
UNE ÉTRANGÈRE PARMI NOUS
2760616
(5) (A Stanger Among Us), É.-U. 1992. Drame de S. Lumet avec Melanie Griffith, Eric Thal et T. Pollan.- Afin d'enquêter sur le meurtre d'un bijoutier juif, une policière demande à un rabbin de la faire passer pour un membre de sa communauté. (2h30)

23h33 ② ⑨ ⑬
LA RÉVOLTE DES ENFANTS
3188277
(5) Fr. 1991. Drame social de G. Poitou-Weber avec Michel Aumont, André Wilms et Clémentine Amouroux.-En 1847, une journaliste effectue un reportage sur une maison de redressement où des enfants préparent en secret une mutinerie. (2h07)

0h00 ⑥ HALLOW REED
24931335
(4) G.-B. 1995. Drame d'A. Pope avec Sam Bould, Martin Donovan et Ian Hart.- Un médecin homosexuel tente d'obtenir la garde de son fils qu'il croit brutalisé par le compagnon de son ex-femme. (2h15)

⑯ ㉚ ㉟ UNE FILLE DE LA PROVINCE*38717575*
(4) É.-U.1954. Drame de G. Seaton avec Grace kelly, Bing Crosby et W. Holden.- Un acteur déchu se voit offrir un chance de reprendre sa carrière.(2h06)

㉗DOWNHILL RACER *2277136*
(4) É.-U. 1969. Drame de M. Ritchie avec Robert Redford, Camilla Sparv et Gene Hackman.(2h)

`CD` LA PETITE AURORE L'ENFANT MARTYRE *6322204*
(7) Can. 1952. Mélodrame de J.Y Bigras avec Yvonne Laflamme, Lucie Mitchell et Paul Desmarteaux.- La deuxième femme d'un fermier inflige des mauvais traitements à la fillette de celui-ci.(2h)

`SPA` THE HELLSTROM CHRONICLE *3600117*
(4) É.-U. 1971. Documentaire de W.Green et E. Speigel.- Un enthomologiste expose sa théorie sur la prédominance éventuelle des insectes sur les hommes.(2h)

`TVO` BROADWAY BILL *8760020*
(4) É.-U. 1934. Comédie de F. Capra avec Warner Baxter, Myrna Loy.- Les difficultés rencontrées par le propriétaire d'un cheval de course à l'avenir prometteur. (1h50)

`HI` OMISSION *68900759* (2h) V.19h.

0h15 `TV5` NOCES DE CARTON *6086662*
(1h30) Voir dimanche, 12h15.

1h00 `BRAV` MOULIN ROUGE *32663136*
(2) G.-B. 1952. drame de J. Huston avec Jose Ferrer, Colette Marchand et Zsa Zsa Gabor.- Quelques épisode de la vie du célèbre peintre Toulouse-Lautrec. (2h15)

3h16 `SHOW` STONEWALL *38422865* (2h04) Voir 22h.

4h00 `A&E` THE LONGSHOT *889827*
(6) É.-U. 1985. Comédie de P. Bartel avec Tim Conway, Jack Weston (2h)

`CD` UNE GUERRE DANS MON JARDIN *6715681*
Can. 1985. Documentaire de D. Létourneau.- Deux frères mariés à deux soeurs construisent un bateau qui doit les mener dans les mers du Sud, mais un tragique accident menace leur rêve. (2h)

Réponds aux questions en te servant de la grille du lundi.

Tu veux te détendre en regardant un bon film.

5. À Télé-Québec, on présente COCKTAIL MOLOTOV.

    a) En quelle année ce film a-t-il été tourné?

    _____

    b) Est-ce un bon film? Donne la cote.

    _____

6. Dans la même soirée, on présente un film minable.
    a) À quelle heure joue-t-il? _____
    b) Quelle est sa durée? _____

7. Plus tôt dans la journée, on présente un film français.
    a) Quel est le titre? _____
    b) Est-ce un film drôle? _____

8. À 21 h, on présente un film à Télé-Québec.
    Remplis la fiche suivante pour le décrire.

    a) Titre: _____

    b) Cote: _____

    c) Pays: _____

    d) Genre: _____

    e) Réalisateur: _____

    f) Acteurs principaux: _____

    g) Durée: _____

Lis bien le résumé du film. Cela t'aidera à compléter ta fiche-cinéma.

Suite du projet

1- Remplis la partie 1 de ton projet. (p. 142)

2- Le résumé du film

Résume le film que tu as vu.
Regarde les résumés dans l'horaire télé pour te donner des idées.

Tempête d'idées

Brouillon
Écris 4 phrases pour résumer ton film.

_____

_____

_____

_____

_____

_____

_____

_____

➢ Relis chaque phrase à voix haute.
   Sont-elles bien formées?
➢ Une phrase commence par une MAJUSCULE et se termine par un POINT.
➢ Vérifie les accords:
   • l'accord des verbes;
   • l'accord des déterminants, des noms et des adjectifs.
➢ Vérifie l'orthographe des mots avec ton dictionnaire.

Retourne à la fiche-cinéma et retranscris ton résumé corrigé.

3- N'oublie pas de donner ton appréciation du film. (Partie 3, p. 142)

D'AUTRES ACTIVITÉS

✱ Dans Internet, fais les recherches suivantes:

- Acteurs préférés
- Chanteurs préférés
- Titre des films préférés
- Chaîne de télévision que tu préfères
- Émissions que tu regardes

✱ Achète le journal et:

- Découpe des articles sur le cinéma, la chanson et la télévision.
- Résume les articles en 2 ou 3 mots.
- Écris les mots nouveaux que tu trouves sur ces sujets.
- Observe la publicité sur les appareils électroniques. Note les noms de ces appareils.

✱ • Écris les paroles d'une chanson à l'aide d'une cassette audio. Ce n'est pas facile, mais c'est amusant. Après, tu sauras les paroles par cœur!

Chapitre 6

Le voyage

Nous partons en voyage dans un pays d'Asie.

Dans ce chapitre, tu parcourras le Japon avec nos trois amis.

Et toi, où rêves-tu de voyager?

Le projet

Préparation du voyage

Remplis la **fiche-voyage** pour te préparer à un voyage que tu rêves de faire depuis longtemps.
Tout au long du chapitre, tu auras des exercices pour t'aider à la remplir.

Mais avant tout, il faut choisir ta destination.

Tempête d'idées
Écris tous les pays que tu aimerais visiter.
Écris au moins 8 noms de pays.

Écris la destination que tu choisis sur ta fiche-voyage à la page suivante (n° 1).
Tu compléteras ta fiche un peu plus tard.

FICHE-VOYAGE

1- Destination: _____

2- Transport: _____

3- Durée du voyage: _____

4- Informations générales sur le pays

1er sujet: _____

_____

2e sujet: _____

_____

3e sujet: _____

_____

4e sujet: _____

_____

5- **Hébergement:** _____
(voir l'activité 6)

6- **Sites et activités** (voir l'activité 8):

_____

_____

_____

_____

_____

_____

_____

Le vocabulaire du voyage

NOMS		VERBES	ADJECTIFS QUALIFICATIFS
Aéroport	Région	Voyager	Aérien
Arrivée	Réservation	Réserver	Confortable
Autobus	Restaurant	Découvrir	Économique
Avion	Santé	Partir	Étranger
Bagage	Site	Visiter	Impeccable
Climat	Souvenir	Revenir	International
Cuisine	Taxes	Écrire	Local
Départ	Touriste		Magnifique
Destination	Train		Principal
Douanes	Transport		
Hébergement	Vêtements		
Hôtel	Ville		
Passeport	Visa		
Pays			
Pourboire			

Remets en ordre alphabétique les verbes du vocabulaire.

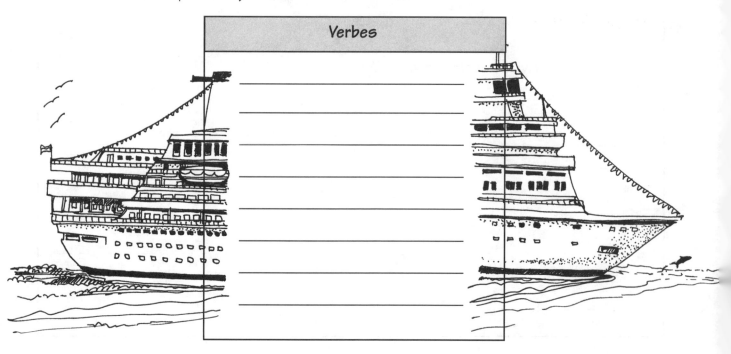

Verbes

La carte du Japon

Le Japon est constitué de 4 îles:
Shikoku, Kyūshū, Honshū et Hokkaidō

Regarde sur une carte du Monde où se trouve le Japon.

Activité 1

DES NOTIONS ET DES JEUX

Trouve tous les mots qui contiennent «TION» ou «SION».

1.   Encercle-les et écris-les dans le tableau sous le texte.

```
Document

Bonjour Félix,

Imagine-toi donc que Julie se marie! Elle nous invite à son mariage, bien
entendu. Mais devine d'où vient son amoureux? Du Japon. Elle se marie
avec un Japonais du nom de Hideki. Là-bas les traditions sont bien
différentes. Ils ne reçoivent pas la même éducation que nous. Leurs habi-
tudes sont bien différentes aussi. L'habitation, l'alimentation, tout est
nouveau pour Julie. En attendant le mariage, elle doit vivre dans une petite
pension. J'espère que ce n'est pas trop de pression sur ses épaules.

Il faudra préparer notre voyage. Surtout, nous ne devons pas oublier notre
demande de passeport. J'irai prendre de la documentation sur le Japon
dans un bureau d'informations touristiques. Elle se marie le 14 juillet. Nous
avons donc un mois pour nous préparer.

Je te conseille de regarder sur une carte. Le Japon, c'est loin!
Le pays s'étend sur quatre îles. Nous allons à Nagano sur l'île de Honshū.

Salut!

Blaise
```

Mots se terminant par «TION»	Mots se terminant par «SION»

2.   Encercle sur la carte du Japon l'endroit où se rendent nos amis.

© Guérin, éditeur ltée

Activité 2

Avant de partir au Japon, nos amis doivent vérifier plusieurs choses.

1.   Réponds aux questions suivantes.
Si tu ne connais pas les réponses, fais des hypothèses. Tu vérifieras tes réponses après la lecture des **renseignements sur le passeport.**

QUESTION	HYPOTHÈSES
A. Qui doit avoir un passeport pour se rendre au Japon?	a) Les Japonais seulement b) Tous les étrangers c) Pas les Canadiens
B. Où peut-on se procurer un formulaire de demande de passeport?	a) Dans un dépanneur b) Dans un CLSC c) Dans un bureau de poste
C. Comment fournir une preuve de citoyenneté canadienne?	a) Certificat de naissance b) Permis de conduire c) Carte d'assurance sociale
D. Si tu envoies ta demande par la poste, dans combien de jours recevras-tu ton passeport?	a) 5 jours ouvrables b) 10 jours ouvrables c) 15 jours ouvrables
E. Combien coûte un petit passeport?	a) 10 $ b) 60 $ c) 500 $

Renseignements sur le passeport

Tous les étrangers doivent avoir un passeport en règle.
Comment obtenir un passeport au Canada?

❏ **Il faut d'abord remplir un formulaire.**

On peut obtenir les formulaires de demande de passeport dans tous les bureaux de passeport ou dans les comptoirs postaux.

❏ **Formalités à remplir**

Pour obtenir un passeport, tu dois remplir les deux côtés du formulaire de demande. Tu dois fournir aussi deux photos récentes.
Le formulaire et les photos doivent être signés par un répondant.
Finalement, tu dois fournir une preuve de citoyenneté canadienne.

❏ **Délai de traitement**

Si tu présentes ta demande en personne, le délai normal de traitement est de cinq jours ouvrables.

Si tu envoies ta demande par la poste, tu recevras ton passeport dans les 10 jours ouvrables.

❏ **Coût d'un passeport**

Passeport de 24 pages: 60 $
Passeport de 48 pages: 62 $

* Maintenant, n'oublie pas de vérifier tes hypothèses au numéro 1.

2. Que veulent dire les expressions soulignées dans les phrases suivantes?

A. Tous les étrangers doivent avoir un passeport **en règle**.
   a) en loi
   b) de la bonne grandeur
   c) rigide

B. Si tu présentes ta demande en personne, le **délai** normal de traitement est de cinq jours ouvrables.
   a) la méthode
   b) le temps
   c) le formulaire

C. Si tu envoies ta demande par la poste, tu recevras ton passeport dans les 10 jours **ouvrables**.

   a) Quand les bureaux sont ouverts
   b) Quand les bureaux sont fermés
   c) À partir de la date de remise

- Lis bien la phrase. Elle peut t'aider à comprendre le sens d'une expression.

- Dans le doute, prends le dictionnaire.

DES NOTIONS ET DES JEUX

La phrase interrogative
Destination: TŌKYŌ

Blaise veut des renseignements sur les vols à destination de Tōkyō à partir de Montréal.

Voici les réponses qu'on lui donne au comptoir d'Air Canada.
Écris une question pour chaque réponse.

QUESTIONS	RÉPONSES
Ex.: Quel est le numéro de mon vol?	C'est le vol numéro 797.
_____	On fait une escale à Los Angeles.
_____	Le vol dure 17 heures.
_____	L'avion part à 9 h 15.
_____	L'avion arrive à Los Angeles à 12 h.
_____	Il repart à 13 h.
_____	L'avion arrive à Tōkyō à 16 h 15.

Et toi, quel moyen de transport vas-tu utiliser pour faire ton voyage?
Combien de temps va durer ce voyage?
Complète ta fiche-voyage nᵒˢ 2-3.

Activité 4

Informations générales

Blaise a reçu de la documentation très intéressante sur le Japon.
Voici les sujets sur lesquels il a reçu de l'information.

Climat	Restauration	Achats	Langage
Argent local	Santé	Pourboires	Eau potable

1. Associe un de ces sujets à chaque information ci-dessous.

A. **Ex.: argent local**

   La monnaie locale est le «yen».
   145 yens équivalent environ à 1 $US.

B. _____

Shikoku, Kyūshū et le sud de Honshū ont des hivers doux;
Hokkaido et le nord de Honshū ont des hivers rudes.

C. _____

Un certificat de vaccination valide contre l'encéphalite japonaise est
recommandé.

D. _____

Le pourboire n'est pas une coutume japonaise.
On donne des pourboires seulement aux chauffeurs de taxi et aux porteurs lorsqu'on demande de porter les valises.

E. _____

On peut déguster la cuisine du pays. Il faut essayer les sushis, et le tepaniaki (cuisine sur plaque chauffante).

F. _____

On parle le japonais partout, mais beaucoup de personnes parlent anglais.

G. _____

L'eau courante est potable partout.

H. _____

On peut acheter de tout, mais il faut en profiter surtout pour acheter de l'électronique.

Suite du projet

À ton tour de donner des renseignements sur le pays que tu as choisi pour ton projet.

Choisis 4 sujets comme dans l'Activité 4.

_____   _____

_____   _____

Écris une phrase avec chacun des sujets.
Brouillon

1er sujet: _____

_____

_____

2e sujet: _____

_____

_____

3e sujet: _____

_____

_____

4e sujet: _____

_____

_____

➢ **Relis chaque phrase à voix haute.**
  Est-elle bien formée?
➢ **Une phrase commence par une MAJUSCULE et se termine par un POINT.**
➢ **Vérifie l'accord du verbe, des déterminants et des noms.**
➢ **Vérifie l'orthographe des mots.**
  Sers-toi de ton vocabulaire pour t'aider.

* Maintenant, écris les phrases corrigées sur ta fiche-voyage. (p. 169, n° 4)

DES NOTIONS ET DES JEUX

L'accord du verbe à la 3e personne du singulier et
à la 3e personne du pluriel.

1.   Associe un sujet de la 3e personne à l'autre partie de la phrase.

Sujet	Verbe + complément
Ex.: Elle	mange une soupe au miso.
Julie et Hideki	est très belle.
Les invités	boivent du saké.
Pour déjeuner, Hideki	sont très beaux.
Julie	sort du temple.
Ils	est très heureux.
Elle	attendent dans le hall.
Il	prépare sa robe de soie.

Retranscris ici les phrases que tu as formées.

_____

_____

_____

_____

_____

_____

_____

_____

_____

_____

Activité 6

Peux-tu bien visualiser les endroits décrits dans le texte?
Lis le texte suivant. Imagine dans ta tête chaque lieu décrit.

Où coucher au Japon?

Choisir un endroit où coucher au Japon, c'est plonger dans l'inconnu. Il existe des chaînes d'hôtels internationales. Il y a aussi l'hôtellerie japonaise traditionnelle.

Le Japonais choisit son hôtel selon son emplacement. Il veut se déplacer le moins possible. Même si les moyens de transport sont nombreux, il y a trop de monde pour se déplacer.

On trouve des hôtels de luxe traditionnel, avec des balcons et des terrasses autour d'un étang. Dans ces hôtels, les clients revêtent les vêtements traditionnels japonais.

Les hôtels d'affaires accueillent les gens qui voyagent pour leur travail. La chambre est utilitaire et petite. La salle de bain est minuscule.

On peut coucher aussi dans un temple bouddhiste. En effet, certains temples prennent des pensionnaires.

Finalement, pour économiser, on peut coucher dans un hôtel-capsule. Ce type d'hôtel est unique. Ce sont des rangées superposées de capsules de 1 m sur 2 m environ, le long d'un corridor. Chaque capsule est munie d'un téléviseur, d'un cadran et d'un système d'air climatisé. Les salles de bains sont communautaires.

1. Associe chaque dessin à un type d'hébergement.

Hôtel de luxe traditionnel	Temple bouddhiste
Hôtel-capsule	Hôtel d'affaires

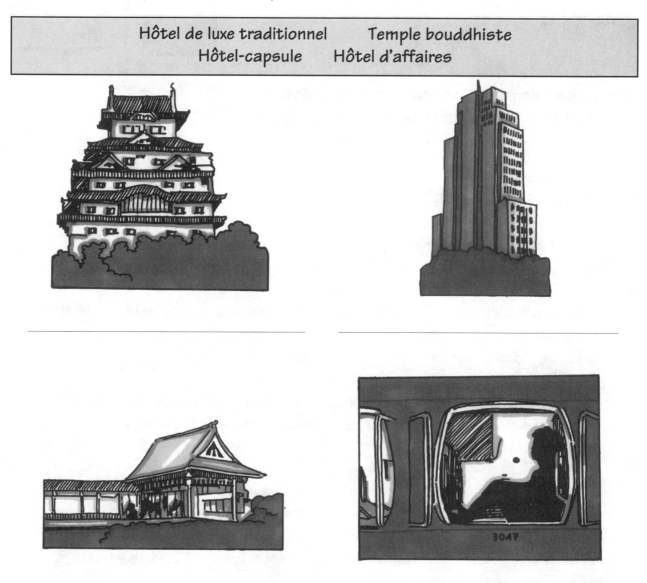

Difficile?
- Relis chaque paragraphe en visualisant dans ta tête tous ces endroits.

Suite du projet
(p. 169)

Où vas-tu coucher durant ton voyage?

Retourne à ta fiche-projet. Indique le type d'hébergement que tu choisis.

Ex.: Camping famille, B & B., Auberge, Hôtel, Motel, etc.

DES NOTIONS ET DES JEUX

Les homophones   ON/ONT   SON /SONT   A/À

1.   Complète le texte avec les homophones ci-dessus.

Samedi, on _____ fait une balade. En chemin, _____ s'est arrêté

dans un restaurant. Julie _____ mangé des aisukurimu. Ce _____

des crèmes glacées américaines. Les Japonais _____ fous des

friandises américaines.

Ensuite, Julie et Hideki _____ voulu nous amener au théâtre. Julie

_____ une préférence pour le Kabuki. C'est un théâtre populaire

japonais.

Après la soirée, on est retourné _____ l'hôtel. Félix a pris _____

bain. Les Japonais prennent leur bain dans un jacuzzi.

Activité 8 ─────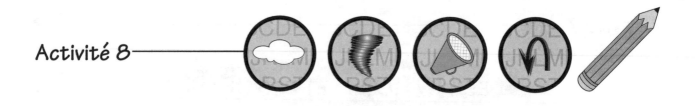

TŌKYŌ

Tōkyō est la capitale du Japon.

À Tōkyō, on peut visiter beaucoup de sites intéressants:

- ❏ Des temples bouddhistes;
- ❏ Des pagodes;
- ❏ La résidence de l'empereur et ses jardins fabuleux;
- ❏ Les trésors de la Galerie nationale.

On peut aussi…

- ❏ Se promener dans les quartiers de la ville;
- ❏ Aller voir une pièce de théâtre Kabuki;
- ❏ Prendre le métro
  (C'est le seul au monde où on engage des pousseurs. Il y a trop de monde!);
- ❏ Magasiner.

* Cherche Tōkyō sur la carte du Japon et fais un X pour indiquer l'endroit. (p. 171)

Cet exemple va t'aider à poursuivre ton projet à la page suivante.

Suite du projet

À ton tour de trouver des sites et des activités à faire pour ton voyage.

Tempête d'idées

Trouve au moins 8 sites et activités pour ton voyage.

Ex.: À Toronto: Tour du CN, promenade en bateau, visite du Musée Royal, etc.

Choisis 4 sites ou activités parmi les 8 que tu as trouvés.
Pour chacun, donne une raison de visiter ce site ou de pratiquer cette activité.

Site ou activité	Intérêt
Ex.: Tour du CN	La plus haute tour au monde

Fais 4 phrases avec les informations contenues dans ton tableau.

Ex.: On peut visiter la Tour du CN. Elle est la plus haute au monde.

Brouillon

1re _____

_____

2e _____

_____

3e _____

_____

4e _____

_____

➤ Relis chaque phrase à voix haute.
  Est-elle bien formée?
➤ Une phrase commence par une MAJUSCULE et se termine par un POINT.
➤ Vérifie l'accord des verbes, des déterminants, des noms et des adjectifs.
➤ Vérifie l'orthographe des mots en t'aidant du vocabulaire.

* Écris ton texte corrigé sur ta fiche-voyage. (numéro 6)

DES NOTIONS ET DES JEUX

Les accords dans la phrase

Lis attentivement le texte suivant.

La cuisine

L'action de manger au Japon n'est pas un simple geste pour se nourrir. La préparation, la cuisson et la consommation sont un art.

Contrairement à la coutume occidentale, on ne mélange pas **l'aliment** dans l'assiette.

La portion est toujours **minuscule,** dans **un petit plat individuel.** On préfère multiplier **la saveur** comme si chaque repas était une dégustation.

Le poisson joue un rôle primordial dans l'alimentation quotidienne et **le légume** aussi. Mais le Japon ne serait pas le Japon sans le riz. On le mange du petit déjeuner au souper.

1. **Quelque chose ne va pas!**
   Il faut mettre au pluriel les mots en caractère gras.

Singulier	Pluriel
Ex.: l'aliment	Les aliments
a) **La portion**	
b) **minuscule**	
c) **un petit plat individuel**	
d) **la saveur**	
e) **Le poisson**	
f) **le légume**	

Activité 10 ———

Kyōto – l'ancienne capitale

Entre 794 et 1868, Kyōto a été le centre de la civilisation japonaise. Encore aujourd'hui, on peut visiter ses temples, ses pagodes, ses palais, ses jardins et ses musées.

Contrairement à Tōkyō, on peut facilement trouver son chemin.

On peut visiter l'ancienne résidence impériale on peut visiter aussi un des plus fameux monastères zen.

Le soir, dans le vieux quartier de Gion, on peut voir des spectacles traditionnels et se faire servir par les célèbres geishas.

Réponds par **VRAI** ou **FAUX.**

1. Kyōto est la capitale._____

2. En 1250, Kyōto était le centre de la civilisation japonaise._____

3. On se perd souvent à Kyōto._____

4. L'empereur habite Kyōto._____

5. Les geishas sont des statues bouddhistes._____

Difficile?
- Question 1: Relis le titre du texte.
- Question 2: 1250 est-il entre 794 et 1868?
- Question 3: Relis le 2e paragraphe attentivement.
- Question 4: Relis le 3e paragraphe.
- Question 5: Que font les geishas?

* Retourne sur la carte du Japon et fais un carré autour de Kyōto.

DES NOTIONS ET DES JEUX

Les sons   EUIL   OUIL   EIL

1.   Trouve le mot-mystère en remplissant la grille ci-dessous.

Mot-mystère

C	H	A	N	D	A	I	L
L	I	U	E	D	E	E	E
L	I	E	V	E	L	M	L
I	P	A	I	L	L	E	L
E	R	A	I	L	I	I	I
T	R	E	E	I	U	L	E
R	R	I	I	E	O	I	I
O	L	L	E	V	N	A	V

Peux-tu trouver tous les mots ci-dessous dans la grille?
Assemble les lettres qui resteront et tu trouveras le mot-mystère.

AIL	ORTEIL
CHANDAIL	PAILLE
DEUIL	RAIL
ÉVEIL	VEILLE
NOUILLE	VIEILLE
OREILLE	

Mot-mystère: _____ C'est un prénom féminin.

Devinettes

2. Toutes les réponses à ces devinettes contiennent un des sons suivants:

EILLE   OUILLE   EUILLE   EUIL

a) Je peux contenir toute sorte de liquide.

_____

b) Je suis un animal qui saute et qui nage.

_____

c) Je suis un très gros légume qui se mange surtout au mois d'octobre.

_____

d) On écrit sur moi, mais on ne parle pas de moi.

_____

e) Je suis un animal qui vit dans la forêt, mais je suis plus gros qu'un écureuil.

_____

D'AUTRES
ACTIVITÉS

✱ Lorsqu'on voyage, on est curieux. On veut connaître les gens, leurs habitudes. Qu'est-ce qu'ils mangent? Quelle langue parlent-ils? On peut trouver des réponses à toutes ces questions dans Internet. C'est un merveilleux moyen de voyager.

Cherche sur un moteur de recherche le nom des pays qui t'intéressent: Haïti, Chili, Chine, etc.

✱ Achète le journal.
  • Découpe dix articles qui parlent de pays différents.
  • Écris le nom des pays.
  • Trouve quelques endroits intéressants que tu aimerais voir.

✱ À la télé, trouve cinq émissions qui présentent des pays différents.

La synthèse

Visiter la Baie James

La Baie James est un territoire immense. Il est situé dans le nord du Québec. Là où il fait très froid. On nomme ce territoire la taïga. C'est une forêt de conifères parsemée de grands espaces sans arbres. En 1973, on y a entrepris la construction du plus grand barrage hydroélectrique au monde. On le nomme le complexe La Grande. Sa construction a duré 23 ans.

L'été, il est possible de visiter le complexe La Grande. Tu peux t'y rendre en auto ou en avion. En auto, le trajet sera de 24 heures si tu pars de Montréal. Deux sites sont intéressants à visiter. Premièrement, il y a l'aménagement Robert-Bourassa. Tu y verras la plus grande centrale hydroélectrique **souterraine** au monde. Au même endroit, il ne faut pas rater «l'escalier du géant». Sa hauteur est celle d'un gratte-ciel de 53 étages. Il est taillé dans le roc. Deuxièmement, tu peux visiter la centrale La Grande 1. Elle est tout près du village Chisasibi. C'est un village de la nation Cri. Les Cris sont une des familles amérindiennes du Québec.

Tu pourras visiter ces lieux du 12 juin au 4 septembre. Tu dois réserver 48 heures à l'avance pour une visite guidée.

Lire

1. Quel est l'attrait touristique principal à la Baie James?
Encercle la bonne réponse.

   a) La taïga

   b) Le village Chisasibi

   c) Une centrale hydroélectrique

   d) Un gratte-ciel de 53 étages   /5 pts

2. Qu'est-ce que la taïga? Encercle la bonne réponse.

   a) Une recette amérindienne

   b) Un territoire du Nord

   c) Un territoire près de Montréal

   d) Une centrale hydroélectrique   /5 pts

3. Durant quelle saison, pourras-tu visiter le complexe

hydroélectrique?

_____ /5 pts

4. Quelle sorte d'arbres peut-on voir sur ce territoire?

_____ /5 pts

5. Nomme deux endroits que l'on peut visiter au

complexe La Grande.

_____

_____ /5 pts

6. Dans le 2ᵉ paragraphe du texte, remplace le mot **souterraine** par
une des expressions suivantes.

   a) Sur une montagne

   b) Sous la terre

   c) Sous la mer

   d) Dans la taïga

_____ /5 pts

7. Pourquoi dit-on «l'escalier du géant»?

   a) Parce qu'il est taillé dans le roc.

   b) Parce qu'il est haut comme un gratte-ciel de 53 étages.

   c) Parce que les Cris sont des géants.

   d) Parce que c'est la plus grande centrale hydroélectrique au
   monde.   /5 pts

Notions

Mets en ordre alphabétique les mots suivants.

8.
endroit	village	construction	premièrement
visiter	complexe	entreprendre	produit

_____

_____

_____

_____

_____

_____

_____

                                                                                          /5 pts

9. Complète le tableau des sons suivants avec les mots du 2^e
   paragraphe.
   Trouve 5 mots différents par son.   /10 pts

AN	ON	É	È

10. Forme des mots avec les syllabes suivantes.
Tous les mots sont dans le texte.

Sac à syllabes

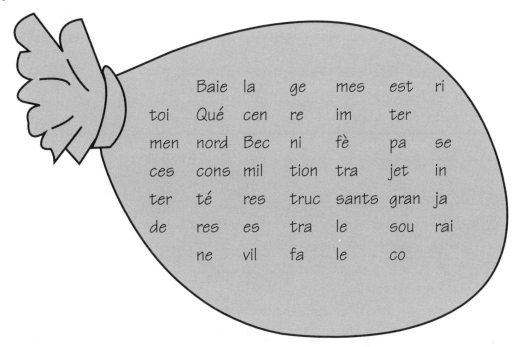

	Baie	la	ge	mes	est	ri
toi	Qué	cen	re	im	ter	
men	nord	Bec	ni	fè	pa	se
ces	cons	mil	tion	tra	jet	in
ter	té	res	truc	sants	gran	ja
de	res	es	tra	le	sou	rai
ne	vil	fa	le	co		

Il est possible de trouver 16 mots. Trouves-en au moins 10.

_____   _____

_____   _____

_____   _____

_____   _____

_____   _____

_____   _____

_____   _____

/5 pts

11. Dans le premier paragraphe, trouve 3 noms propres et 4 noms communs masculins.

NOMS PROPRES	NOMS COMMUNS MASCULINS

/7 pts

12. Trouve dans le texte 2 adjectifs qualificatifs.

_____   _____

/4 pts

13. Dans chaque phrase, encercle le sujet.

«La Baie James est un territoire immense.

Il est situé dans le nord du Québec.»

/4 pts

Écrire

Tu as 2 semaines de vacances. Tu veux partir en voyage avec un ami. Mais où?

Tempête d'idées

Trouve plusieurs endroits que tu aimerais visiter pour tes vacances.

Choisis un endroit parmi ceux que tu as trouvés.

_____

Trouve 4 sites intéressants à cet endroit.

_____

_____

_____

_____

_____

Brouillon

Forme 4 phrases avec ces informations.

_____

_____

_____

_____

_____

➤ Une phrase commence par une MAJUSCULE et se termine   4 pts
   par un POINT. 1pt par phrase
➤ Relis chaque phrase à voix haute.   6 pts
   Est-elle bien formée?
➤ Vérifie les accords.
➤ Vérifie l'orthographe des mots avec ton dictionnaire. }   12 pts
➤ Contenu de l'information.   5 pts
➤ Calligraphie.   3 pts

Texte final

_____

_____

_____

_____

_____

/30 pts

Lire	/35
Notions	/35
Écrire	/30
Total	/100